기독교문서선교회 (Christian Literature Center: 약칭 CLC)는 1941년 영국 콜체스터에서 켄 아담스에 의해 시작되었으며 국제 본부는 미국 필라델피아에 있습니다. 국제 CLC는 약 650여 명의 선교사들이 59개 나라에서 180개의 서점을 운영하며 이동 도서 차량 40대를 이용하여 문서 보급에 힘쓰고 있으며 이메일 주문을 통해 130여 국으로 책을 공급하고 있는 국제적 문서선교 기관입니다.

광야에서 살아가는 양들의 고백
시편 23편

The Sheep's Prayers in the Wilderness: Meditations from Psalm 23
Written by Jin Hee Lee
All rights reserved.
Korean Edition Copyright ⓒ 2025 by Christian Literature Center, Seoul, Korea.

광야에서 살아가는 양들의 고백
시편 23편

2025년 5월 30일 개정판 발행

지 은 이 | 이진희

편　　집 | 추미현
디 자 인 | 서민정
펴 낸 곳 | (사)기독교문서선교회
등　　록 | 제16-25호(1980. 1. 18.)
주　　소 | 서울특별시 동대문구 천호대로71길 39
전　　화 | 02-586-8761~3(본사) 031-942-8761(영업부)
팩　　스 | 02-523-0131(본사) 031-942-8763(영업부)
이 메 일 | clckor@gmail.com
홈페이지 | www.clcbook.com
송금계좌 | 기업은행 073-000308-04-020 (사)기독교문서선교회
일련번호 | 2025-30

ISBN 978-89-341-2810-6 (03230)

이 책의 출판권은 (사)기독교문서선교회가 소유합니다.
신저작권법에 의하여 한국 내에서 보호를 받는 저작물이므로 무단 전재와 무단 복제를 금합니다.

시편 23편

광야에서 살아가는 양들의 고백

이진희

하나님이 나의 목자시니
그것으로 충분합니다!

CLC

들어가는 말

시편 23편을 읽다 보면, 저 멀리서 목자의 피리 소리가 들려오는 듯하고, 눈앞에는 그림처럼 아름다운 목가적인 풍경이 펼쳐진다. 푸른 초원이 넓게 펼쳐지고, 맑은 시냇물이 졸졸 흐른다. 양들은 한가롭게 누워 쉬고 있고, 그 옆에는 지팡이를 든 목자가 어린 양 하나를 품에 안고 있다.

우리는 실제로 목자가 양을 치는 모습을 본 적이 거의 없다. 사진이나 그림으로만 접해 왔을 뿐이다. 그럼에도 어릴 적부터 이 말씀을 암송하며 자라왔기에 시편 23편을 잘 알고 있다고 생각한다. 농경 문화 속에서 살아온 우리는 목축 문화에 대한 이해가 부족하다. 그래서 시편 23편을 읽으며 대관령 목장이나 스위스의 초원을 떠올리고, 노래 가사처럼 "저 푸른 초원 위에 그림 같은 집을 짓고" 사는 삶을 동경하게 된다.

『톰 소여의 모험』으로 유명한 마크 트웨인이 한 번은 이스라엘을 여행하고는 이렇게 말했다. "이스라엘의 양들은 돌멩이를 먹고 산다." 푸른 초원에서 마음껏 풀을 뜯는 것이 아니라, 풀 한 포기, 나무 한 그루 보기 어려운 메마른 광야에서 꼴을 찾기 위해 하루 종일 헤매는 양들을 보고 그렇게 표현한 것이다.

그렇다. 성경 속 양들은 푸른 초장과 쉴 만한 물가에서 살아가지 않는다. 그들은 척박하고 메마른 땅, 하루 종일 꼴과 물을 찾아 헤매야 하는 광야, 늑대의 위협이 도사리는 험한 골짜기—시편 23편의 양들은 그런 곳에서 살아간다.

성경은 농경 문화가 아니라 유목 문화를 배경으로 하고 있다. 아브라함, 이삭, 야곱, 요셉, 모세, 다윗—모두 양을 치던 목자였다. 예수님의 탄생 소식을 처음 들은 이들도 베들레헴 들판(광야)에서 양을 치던 목자들이었다. 이스라엘 백성은 출애굽 이후 40년 동안 광야를 지나며 양을 치며 살았다. 지금도 베두인들은 수천 년 전과 다름없이 광야에서 양을 치며 살아가고 있다.

시편 23편의 양들이 광야에서 살아간다는 것이 낯설게 들리는가? 이 책은 그런 이들에게 꼭 필요한 책이다. 이 책을 읽는 동안 우리가 그동안 그려왔던 시편 23편의 그림이 하나씩 하나씩 바뀌게 될 것이다. 그리고 마침내 다음과 같은 그림이 우리 앞에 나타나게 될 것이다.

캔버스는 더 이상 초록빛 물감으로 물들여져 있지 않다. 푸르게 펼쳐진 초원과 잔잔히 흐르던 시냇물은 보이지 않는다. 그 대신 거칠고 메마른 암갈색 광야가 캔버스를 가득 채우고 있다.

양들은 더 이상 졸졸졸 물이 흐르는 시냇가에 누워 쉬고 있지 않다. 그들은 목자를 따라 짙은 먹빛으로 뒤덮인 '사망의 음침한 골짜기'를 지나고 있다. 그 어두운 골짜기, 그늘진 바위 뒤편에는 늑대들이 몸을 낮춘 채 숨어서 눈빛을 번뜩이며 양 떼를 노리고 있다. 양들의 눈에는 그들이 보이지는 않지만, 그들의 존재를 직감한다. 그 긴장감이 그림 전체에 서려 있다.

당신이 상상해 왔던, 나무 그늘 아래에서 피리를 불며 쉬고 있던 목자의 모습은 이제 보이지 않는다. 그의 손에는 피리가 아니라, 언제라도 늑대가 달려들면 단호하게 휘두를 준비가 되어 있는 지팡이와 막대기가 들려있다. 그의 그림자는 길게 늘어져 골짜기 끝까지 이어지고, 양들은 목자에게 바짝 붙어 숨을 죽이고 따라가고 있다.

이것이 시편 23편의 양들이 살아가는 척박한 현실이며, 광야 같은 인생을 살아가는 우리 모두의 이야기이기도 하다.

많은 이가 마음 속에 품고 살아가는 한가지 물음이 있다. '하나님을 목자로 삼고 살아가고 있는데도 왜 나의 삶은 푸른 초장이 아니라 광야 같을까?' 하는 것이다. 우리는 그 대답을 이런 그림을 그려가는 가운데 찾게 될 것이다. 그리고 광야와 같은 척박한 삶이 하나님과 멀어져 있다는 증거가 아님을, 오히려 하나님이 광야 인생길을 걷는 우리의 목자이시기에 오늘도 이 광야를 견뎌내면서 살아가고 있음을 깨닫게 될 것이다.

이 책을 덮을 때쯤 되면 시편 23편의 양들이 광야에서 살아가면서도 어떻게 "여호와는 나의 목자시니 내게 부족함이 없으리로다"라고 고백할 수 있는지 알게 될 것이다. 그리고 광야 인생을 살아가는 우리도 이렇게 고백하게 될 것이다.

"하나님이 나의 목자시니, 그것으로 충분합니다."

/차례/

들어가는 말   5

제1부
여호와는 나의 목자시니

1. 왜 하나님을 목자로 이해했던 것일까?   14
2. "나는 선한 목자다"는 단순히 좋은 목자라는 뜻이 아니다   19
3. 성탄 이야기에 목자들이 등장하는 이유는?   26
4. 양들이 정말 자기 목자를 알아볼까?   30
5. 양들에게 정말 이름을 붙여 줄까?   34
6. 시편 23편의 양들은 푸른 초원에 살까?   37
7. 목자는 결코 낭만적인 직업이 아니다   47
8. 양은 목자 때문에 살고, 목자는 양 때문에 산다   50
9. 오늘날엔 목자는 없고 목장 관리인만 있다   54

제2부
내게 부족함이 없으리로다

10. 양의 운명은 100퍼센트 목자에게 달려 있다   58
11. 양은 목자만 있으면 Everything is OK!   61
12. 여호와는 나의 목자이십니다 그러나 …   64

제3부
그가 나를 푸른 풀밭에 누이시며 쉴 만한 물가로 인도하시는도다

13. 목자들이 평생 돌아다니며 사는 것은 양들 때문이다   70
14. 시편 23편에는 "푸른 풀밭"이 없다   76
15. 묵상은 양처럼 하루 종일 되새김질을 하는 것이다   79
16. 양들은 아침 이슬을 먹고 산다   82
17. 양들이 물을 두려워하기 때문에 잔잔한 물가로 데려가는 것일까?   87
18. 목자는 광야에서 어떻게 양들에게 물을 먹일까?   90
19. 교회가 쉴 만한 물가다   95
20. 양들은 까다로워서 잘 눕지 않는다   99
21. 푸른 풀밭과 쉴 만한 물가는 광야의 오아시스   104

제4부
내 영혼을 소생시키시고

22. 예루살렘에서 강탈당한 차를 "소생시키다"   112
23. 양들의 구호 "모이면 살고 흩어지면 죽는다!"   116
24. 이런 양들은 위험하다   118
25. 앞에 가는 양을 잘 따라가야 한다   125
26. 목에 종을 단 양   128
27. 목자는 수시로 양의 숫자를 세어야 한다   131
28. 목자는 한 마리 양도 잃어버려서는 안 된다   135
29. 다시 찾은 양을 품에 안고 가는 목자   137

제5부
의의 길로 인도하시는도다

30. 의의 길은 옳은 길?   144
31. 양들은 지독한 근시안이다   147
32. 목자는 리더이면서 가이드다   150
33. 카우보이식 목자를 만나면 양은 불행하게 된다   153

제6부
사망의 음침한 골짜기로 다닐지라도
해를 두려워하지 않을 것은 주께서 나와 함께하심이라

34. 목자의 인도를 따라가는데 왜 사망의 음침한 골짜기가 나오는가?   160
35. 사망의 음침한 골짜기는 죽음의 골짜기?   164
36. 양이 있는 곳에는 반드시 목자도 함께 있다   169

제7부
주의 지팡이와 막대기가 나를 안위하시나이다

37. 막대기와 지팡이   176
38. 오늘날의 목자들의 손에는 막대기 대신 총이 들려 있다   184
39. 목자에게는 지팡이와 막대기 외에 하나가 더 있어야 한다   188

제8부
주께서 내 원수의 목전에서 내게 상을 차려 주시고

40. 양들의 원수인 늑대   194
41. 베두인들은 어떤 일이 있어도 자기 집에 온 손님을 지켜 준다   197
42. 목자는 잘 때도 한쪽 눈은 뜨고 잔다   200
43. 정말 양을 위해 목숨을 바치는 목자가 있을까?   204
44. 삯꾼 목자는 나쁜 목자일까?   206

제9부
기름을 내 머리에 부으셨으니

45. 목자는 양들이 다쳤을 때 치료해 준다 … 212
46. 양들이 싸우지 못하도록 머리에 올리브기름을 부어 준다 … 215
47. 병에 걸리지 않도록 머리에 올리브기름을 부어 준다 … 217
48. 상처가 감염되지 않도록 양에게 올리브기름을 부어 준다 … 221

제10부
내 잔이 넘치나이다

49. 유목민들에게 우물은 재산 목록 제1호 … 226

제11부
선하심과 인자하심이 반드시 나를 따르니

50. 양은 목자를 100퍼센트 신뢰한다 … 232
51. 양들을 요람에서 무덤까지 책임져 주는 목자 … 235
52. 주님의 선하심과 인자하심은 되돌아보아야만 볼 수 있다 … 238

제12부
내가 여호와의 집에 영원히 살리로다

53. 유목민들의 십팔번, "인생은 나그네길" … 242
54. 양도 저녁이 되면 양 우리로 돌아간다 … 249
55. 우리에게도 돌아갈 집이 있다 … 251
56. 양이 우리에 들어가려면 … 253
57. 염소는 양우리에 들어갈수 없을까? … 259

시편 23편을 이해하는 데 도움이 되는 다큐멘터리 … 264

제1부

여호와는 나의 목자시니

1. 왜 하나님을 목자로 이해했던 것일까?

　양을 본 적이 있는가? 염소는 가끔 보았어도 양을 실제로 본 사람은 많지 않을 것이다. 그러면 목자를 본 적이 있는가? 목자가 양을 치는 그림은 많이 보았어도 실제로 목자를 본 사람은 많지 않을 것이다. 우리가 양과 목자에 대해서 아는 것이 있다면, 경험을 통해서가 아니라 시편 23편이나 "나는 선한 목자다"라고 하신 예수님의 말씀을 통해서일 것이다.

　우리나라는 농경 사회로 정착 문화를 형성해 왔다. 그러나 성경에는 농사짓는 이야기보다 양 치는 이야기가 훨씬 더 많이 나온다. 농부 이야기보다 목자 이야기가 훨씬 많이 나온다. 밭 이야기보다 광야 이야기가 훨씬 많이 나온다. 집 이야기보다 장막(tent) 이야기가 훨씬 많이 나온다. 땅 부자보다는 양 부자가 훨씬 더 많이 나온다.

　이스라엘 사람은 족장 시대부터 양을 쳐왔다. 이집트로 내려갈 때도 양들을 데리고 갔다. 그리고 이집트에서도 양을 치며 살았다.

이스라엘이 요셉에게 이르되 네가 지금까지 살아 있고 내가 네 얼굴을 보았으니 지금 죽어도 족하도다 요셉이 그의 형들과 아버지의 가족에게 이르되 내가 올라가서 바로에게 아뢰어 이르기를 가나안 땅에 있던 내 형들과 내 아버지의 가족이 내게로 왔는데 그들은 목자들이라 목축하는 사람들이므로 그들의 양과 소와 모든 소유를 이끌고 왔나이다 하리니 바로가 당신들을 불러서 너희의 직업이 무엇이냐 묻거든 당신들은 이르기를 주의 종들은 어렸을 때부터 지금까지 목축하는 자들이온데 우리와 우리 선조가 다 그러하니이다 하소서 애굽 사람은 다 목축을 가증히 여기나니 당신들이 고센 땅에 살게 되리이다 … (창 46:31-34).

이스라엘 사람들은 출애굽할 때도 양들을 데리고 나갔다. 광야 40년 생활을 할 때도 양을 치며 살았다. 가나안에 들어가서도, 농사를 지으면서도 양을 쳤다. 양은 광야나 산악 지대에 잘 적응하기 때문에 이스라엘은 양을 기르기에 안성맞춤이었다. 그래서 성서 시대뿐만 아니라 지금도 많은 유목민이 이 지역에서 양을 치면서 살아가고 있다.

우리가 잘 알고 있는 성경의 인물은 대부분 목자였다. 아브라함, 이삭, 야곱과 같은 이스라엘의 족장은 모두 유목민이었다. 모세와 다윗도 목자였다. 예언자 아모스도 목자였으며, 예수님이 태어나시던 날 밤에 구유에 누우신 아기 예수께 맨 처음 경배한 사람도 베들레헴에서 양을 치던 목자들이었다. 예수님도 양을 치는 일에 대해 잘 알고 계셨으며 예수님의 청중도 마찬가지였다. 그들은 목자와 양의 관계에 대해서 잘 알고 있었다. 그래서 예수님은 양을 소재로 여러 비유를 가르치셨으며, 당신 자신이 "나는 선한 목자다"라고까지 선언하셨던 것이다.

다윗은 시편 23편에서 "여호와는 나의 목자시니"라고 고백하고 있다. 그러나 다윗이 최초로 하나님을 목자라고 고백한 것은 아니다. 성경에서 하나님을 목자로 고백한 최초의 인물은 야곱이다.

> … 내 조부 아브라함과 아버지 이삭이 섬기던 하나님, 나의 출생으로부터 지금까지 나를 기르신 하나님 (창 48:15).

이 구절을 읽으면서 목자를 떠올린다는 것은 쉬운 일이 아니다. "나를 기르신 하나님"을 영어 성경에서는 "나를 돌보아(care) 주신 하나님"이라고 옮겼다. 히브리어로는 라아(raah)라는 동사가 사용되었는데, 목자라는 의미로 사용하는 단어이다. 표준새번역은 의미를 분명하게 번역했다.

> … 나의 할아버지 아브라함과 아버지 이삭을 보살펴 주신 하나님, 내가 태어난 날로부터 오늘에 이르기까지 나의 목자가 되어주신 하나님 (창 48:15, 표준새번역).

야곱은 평생 양을 치는 목자로서 살았다. 그렇기 때문에 목자가 양에게 어떤 의미인지를 경험을 통해 잘 알고 있었다. 그래서 그는 하나님을 "나의 목자"라고 고백했던 것이다.

다윗도 마찬가지다. 시편 23편은 다윗이 어느 날 궁중을 거닐다가 영감이 떠올라서 써 내려간 시가 아니다. 이 시는 목자로서의 그의 경험에서 나온 신앙 고백이다. 목자였던 다윗이 광야에서 양을 치며 만난 하나님은 바로 목자이신 하나님이다. 그는 자신의 경험과 체험을 통해서 양이 어떤 존재인지 그리고 목자가 양에게 어떤 존재인지를 아주 잘 알고 있었다. 그래서 자신과 하나님의 관계를 양과 목자의 관계로 그렸던 것이다.

> 그가 나를 푸른 풀밭에

어떤 동물들은 먹이를 찾아 수천 마일씩 이동하기도 한다. 대표적으로 철새들이 그렇다. 그런데 양은 절대로 혼자서는 먹이를 찾아갈 수 없다. 양은 목자가 풀이 있는 곳으로 데리고 가지 않으면 굶어 죽는다. 이렇게 양은 먹는 문제도 스스로 해결하지 못한다.

누이시며

양은 잘못 누우면 죽는다. 등이 땅에 닿으면 혼자 일어나지 못한다. 그러다가 죽고 만다. 이렇게 혼자서 눕고 서지도 못하는 짐승이 바로 양이다.

내 영혼을 소생시키시고

양은 15미터 앞도 잘 보지 못한다. 그래서 길을 잃어버리기가 쉽다. 목자를 잃고, 길을 잃고 헤매다 보면 밤은 어둑어둑해지고, 겁이 나니까 더욱 초조해진다. 당황한다. 그러다가 잘못해서 낭떠러지에 떨어져 죽기도 하고 사나운 들짐승의 밥이 되기도 한다. 목자를 잃은 양의 생명은 하룻밤조차 넘기기 어려운 것이다.

양은 아무 생각 없이 바로 앞에 가는 양을 무조건 따라간다. 한 마리가 구덩이에 빠지면 두 마리, 세 마리, 네 마리, 다섯 마리 줄줄이 다 구덩이에 빠지고 마는 것이 양이다. 이렇게 늘 길을 잃어버리고 헤매는 것이 양이다. 그리고 길을 잃으면 절대로 혼자서는 길을 찾아오지 못하는 짐승이 바로 양이다. 그래서 반드시 목자가 양을 찾아가야 한다. 목자가 잃어버린 한 마리 양을 찾아가는 이유가 바로 여기에 있다.

의의 길로 인도하시는도다

양은 스스로 길을 찾아가지 못한다. 어디로 가야 하는지조차 모른다. 방향 감각도 없다. 목적지도 없다. 자신이 어디에 있는지도 모른다. 그렇기 때문에 그를 인도해 줄 안내자가 절대적으로 필요하다.

내 원수의 목전에서 내게 상을 차려 주시고

양은 언제나 위험에 노출되어 있다. 양을 노리는 맹수들이 뒤따르고 있다. 어딘가에서 지켜보고 있다. 양이 움직이면 이리나 하이에나들도 같이 따라서 움직인다. 기회를 엿보는 것이다. 그러나 양에게는 자신을 방어할 수 있는 힘이나 재주나 능력이 전혀 없다. 목자가 지켜 주지 않으면 양은 다 맹수의 밥이 되고 만다.

양이 스스로 할 수 있는 것은 하나도 없다. 양은 자신의 생명도 스스로 지키지 못한다. 스스로 생존할 수 있는 능력이 없고, 기술도 없고, 힘도 없다. 동물학자들은 인간이 양을 돌보지 않았다면 양은 지구상에서 가장 먼저 사라졌을 것이라고 한다. 그 정도로 대책이 없는 짐승이 바로 양이다.

성경에 "목자 없는 양" 같다는 표현이 자주 나오는데, 양은 100퍼센트 목자를 의존한다. 목자가 없으면 양은 죽은 목숨이나 마찬가지다. 하나에서 백까지 다 목자가 돌보아 주어야 한다. 목자의 손이 가야 한다. 목자가 돌보아 주지 않으면, 목자가 함께 있어 주지 않으면, 목자가 인도해 주지 않으면, 목자가 지켜 주지 않으면, 목자가 필요한 것을 공급해 주지 않으면 양은 죽는다. 동물 중에 인간을 의지해서 살아가는 유일한 동물이 바로 양이다.

그런데 성경은 많고 많은 동물 중에서 인간을 바로 이런 양에 비유를 하고 있다. 성경의 메시지는 분명하다. 인간은 양처럼 나약한 존재다. 양이 목자 없이 살 수 없는 것처럼 인간은 우리의 목자가 되시는 하나님 없이는 절대로 살 수 없다. 양이 살 수 있는 것은 목자가 보호해 주고, 지켜 주고, 인도해 주고, 필요한 것을 모두 제공해 주기 때문이다.

2.
"나는 선한 목자다"는
단순히 좋은 목자라는 뜻이 아니다

　고대 근동 지역에서도 신이나 왕을 목자라고 불렀다. 예를 들면, 바빌론의 함무라비, 아시리아의 살만에셀, 티글라트 필레세르도 자기를 목자라고 불렀다. 이집트에서도 자기에게 목자라는 칭호를 붙인 왕이나 신이 많았다. 고대 신이나 왕의 모습을 보면 오른손에 목자의 지팡이를 들고 있다. 자기 자신을 목자로 이해했던 것이다.

　우리나라에서도 조선 시대에 '목사'가 있었다. 군수를 그렇게 불렀다. 정약용의 『목민심서』는 어떻게 백성을 잘 다스릴 수 있는지를 기술한 책으로서, 관리와 백성의 관계를 목자와 양의 관계로 보고 있다.

　성경에서도 하나님뿐만 아니라 왕을 목자라고 부르고 있다(삼하 5:2; 렘 3:15; 10:21; 22:22; 겔 34:23; 미 5:5). 지도자도 목자라고 부르고 있다. 목자라는 히브리어는 라아(*raah*)인데, 같은 단어가 이스라엘의 왕이나 지도자를 부를 때도 사용되고 있다.

좋은 지도자가 되기 위해서는 먼저 좋은 목자가 되어야 한다. 그래서 하나님께서는 모세를 이스라엘의 지도자로 부르시기 전에 먼저 광야에서 40년간 양 치는 일을 하도록 하셨다. 다윗도 왕이 되기 전에 먼저 양 치는 일을 했다. 모세와 다윗 모두 양을 치는 목자였다. 목자로서의 경험이 있는 사람들이었다. 하나님은 그런 사람들을 불러서 이스라엘의 목자로 삼으셨다. 양을 잘 치는 사람은 훌륭한 지도자가 될 수 있기 때문이다.

하나님은 하나님을 대신해서 이스라엘 백성을 돌보고 다스리라고 지도자를 세우셨다. 이스라엘의 목자로 세우신 것이다. 그러나 하나님은 이스라엘 목자들의 실상을 다음과 같이 고발하면서 통탄하셨다.

> 여호와의 말씀이 내게 임하여 이르시되 인자야 너는 이스라엘 목자들에게 예언하라 그들 곧 목자들에게 예언하여 이르기를 주 여호와께서 이같이 말씀하시되 자기만 먹는 이스라엘 목자들은 화 있을진저 목자들이 양 떼를 먹이는 것이 마땅하지 아니하냐 너희가 살진 양을 잡아 그 기름을 먹으며 그 털을 입되 양 떼는 먹이지 아니하는도다 너희가 그 연약한 자를 강하게 아니하며 병든 자를 고치지 아니하며 상한 자를 싸매 주지 아니하며 쫓기는 자를 돌아오게 하지 아니하며 잃어버린 자를 찾지 아니하고 다만 포악으로 그것들을 다스렸도다 목자가 없으므로 그것들이 흩어지고 흩어져서 모든 들짐승의 밥이 되었도다 내 양 떼가 모든 산과 높은 멧부리에마다 유리되었고 내 양 떼가 온 지면에 흩어졌으되 찾고 찾는 자가 없었도다 그러므로 목자들아 여호와의 말씀을 들을지어다 주 여호와의 말씀에 내가 나의 삶을 두고 맹세하노라 내 양 떼가 노략거리가 되고 모든 들짐승의 밥이 된 것은 목자가 없기 때문이라 내 목자들이 내 양을 찾지 아니하고 자기만 먹이고 내 양 떼를 먹이지 아니하였도다 (겔 34:1-8).

목자들이 제대로 먹여 주지 않아서 양들이 굶어 죽고, 잘 돌보아 주지 않아서 병들어 죽고, 제대로 지켜 주지 않아서 맹수에게 물려가 죽었다. 양들을 먹이라고 맡겼더니 잡아먹기만 했다. 목자가 목자가 아니라 양의 탈을 쓴 이리였던 것이다. 양을 잘 치라고 맡겼더니 막대기로 사정없이 치기만 했다. 목자가 아니라 카우보이였던 것이다. 잃어버렸어도 찾으러 갈 생각을 하지 않았다. 목장이 황폐하게 되었다. 이렇게 목자가 양들을 방치한 사이에 양들은 흩어졌고, 이스라엘이라고 하는 목장은 황폐하게 되었다.

사정이 이렇게 되었으니 어떻게 해야 하는가? 당연히 악한 목자들을 심판해야 한다. 그들을 내쫓고 하나님이 직접 양들을 돌보셔야 이스라엘이라고 하는 목장이 회복되고 하나님의 양인 이스라엘 백성이 살게 된다.

> 주 여호와께서 이같이 말씀하시되 내가 목자들을 대적하여 내 양 떼를 그들의 손에서 찾으리니 목자들이 양을 먹이지 못할 뿐 아니라 그들이 다시는 자기도 먹이지 못할지라 내가 내 양을 그들의 입에서 건져내어서 다시는 그 먹이가 되지 아니하게 하리라 (겔 34:10).

하나님이 직접 이스라엘의 목자가 되셔서 양들을 돌보시겠다고 나서신다.

첫째, 흩어진 양 떼를 다시 모으겠다.

> 주 여호와께서 이같이 말씀하셨느니라 나 곧 내가 내 양을 찾고 찾되 목자가 양 가운데에 있는 날에 양이 흩어졌으면 그 떼를 찾는 것 같이 내가 내 양을 찾아서 흐리고 캄캄한 날에 그 흩어진 모든 곳에서 그것들을 건져낼지라 (겔 34:11-12).

> 이방들이여 너희는 여호와의 말씀을 듣고 먼 섬에 전파하여 이르기를 이스라엘을 흩으신 자가 그를 모으시고 목자가 그 양 떼에게 행함같이 그를 지키시리로다 (렘 31:10).

둘째, 맹수에게서 건져내겠다.

내가 그것들을 만민 가운데에서 끌어내며 여러 백성 가운데에서 모아 그 본토로 데리고 가서 이스라엘 산 위에와 시냇가에와 그 땅 모든 거주지에서 먹이되 (겔 34:13).

셋째, 푸른 풀밭과 쉴 만한 물가로 인도할 것이다.

내가 잡혀 있는 자에게 이르기를 나오라 하며 흑암에 있는 자에게 나타나라 하리라 그들이 길에서 먹겠고 모든 헐벗은 산에도 그들의 풀밭이 있을 것인즉 그들이 주리거나 목마르지 아니할 것이며 더위와 볕이 그들을 상하지 아니하리니 이는 그들을 긍휼히 여기는 이가 그들을 이끌되 샘물 근원으로 인도할 것임이라 (사 49:9-10).

좋은 꼴을 먹이고 그 우리를 이스라엘 높은 산에 두리니 그것들이 그곳에 있는 좋은 우리에 누워 있으며 이스라엘 산에서 살진 꼴을 먹으리라 내가 친히 내 양의 목자가 되어 그것들을 누워 있게 할지라 주 여호와의 말씀이니라 (겔 34:14-15).

넷째, 상처를 싸매줄 것이다.

그 잃어버린 자를 내가 찾으며 쫓기는 자를 내가 돌아오게 하며 상한 자를 내가 싸매 주며 병든 자를 내가 강하게 하려니와 살진 자와 강한 자는 내가 없애고 정의대로 그것들을 먹이리라 (겔 34:16).

다섯째, 온순히 인도할 것이다.

> 그는 목자같이 양 떼를 먹이시며 어린 양을 그 팔로 모아 품에 안으시며 젖먹이는 암컷들을 온순히 인도하시리로다 (사 40:11).

이런 목자가 구약에서 제시하는 가장 이상적인 목자, 하나님 마음에 합한 목자이다. 이런 이상적인 목자에 대한 기대는 후에 메시아 사상으로 발전된다. 에스겔은 오실 메시아가 다윗과 같은 목자-메시아라고 예언했다.

> 내가 한 목자를 그들 위에 세워 먹이게 하리니 그는 내 종 다윗이라 그가 그들을 먹이고 그들의 목자가 될지라 나 여호와는 그들의 하나님이 되고 내 종 다윗은 그들 중에 왕이 되리라 나 여호와의 말이니라 (겔 34:23-24).

미가는 그가 베들레헴에서 탄생할 것이라고 했다.

> 베들레헴 에브라다야 너는 유다 족속 중에 작을지라도 이스라엘을 다스릴 자가 네게서 내게로 나올 것이라 그의 근본은 상고에, 영원에 있느니라 … 그가 여호와의 능력과 그의 하나님 여호와의 이름의 위엄을 의지하고 서서 목축하니 그들이 거주할 것이라 이제 그가 창대하여 땅끝까지 미치리라 이 사람은 평강이 될 것이라 … (미 5:2-5).

이러한 예언대로 다윗의 후손으로서 베들레헴에서 메시아-목자로서 태어나신 분이 바로 예수님이시다. 그분은 자신을 이렇게 선언하셨다.

> 나는 선한 목자라 (요 10:11, 14).

구약(이스라엘)의 악한 목자들은 양들을 다 굶주리게 했다. 그러나 선한 목자이신 예수님은 양들을 배불리 먹이셨다.

> 내가 (양의) 문이니 누구든지 나로 말미암아 들어가면 구원을 받고 또는 들어가며 나오며 꼴을 얻으리라 (요 10:9).

구약의 악한 목자들은 양들을 다 잃어버렸다. 잃어버렸어도 찾으러 가지 않았다. 그러나 선한 목자이신 예수님은 잃은 양을 찾기 위해 오셨다.

> 인자가 온 것은 잃어버린 자를 찾아 구원하려 함이니라 (눅 19:10).

이스라엘의 악한 목자들은 양들을 다 잡아먹었다. 그들은 다 절도며 강도였다. 그러나 선한 목자이신 예수님은 양들에게 생명을 주기 위해 오셨다.

> … 내가 온 것은 양으로 생명을 얻게 하고 더 풍성히 얻게 하려는 것이라 (요 10:10).

이스라엘의 악한 목자들은 양들을 다 흩어지게 했다. 그러나 선한 목자이신 예수님은 흩어진 양들을 다시 모으셨다.

> 또 그 민족만 위할 뿐 아니라 흩어진 하나님의 자녀를 모아 하나가 되게 하기 위하여 죽으실 것을 미리 말함이러라 (요 11:52).

이스라엘의 악한 목자들은 다 삯꾼이요 도둑이며 강도였다. 그래서 양들을 맹수들에게 다 빼앗겼다. 그러나 선한 목자이신 예수님은 자신의 목숨을 버리시면서까지 양들을 지키셨다.

> 나는 선한 목자라 선한 목자는 양들을 위하여 목숨을 버리거니와 삯꾼은 목자가 아니요 양도 제 양이 아니라 이리가 오는 것을 보면 양을 버리고 달아나나니 이리가 양을 물어 가고 또 헤치느니라 (요 10:11-12).

이 세상에 자기 양을 위해 목숨을 버리는 목자가 있을까? 아무리 자기 양을 사랑해도 양을 위해 자기 목숨을 내놓는 목자는 없다. 그런데 예수님은 십자가에서 우리를 위해 자기 목숨을 내놓으셨다. 목자가 양을 위해 목숨을 버린 것이다. 목자가 우는 사자처럼 울부짖으며 양들을 노리고 있는 마귀들로부터 우리를 구원하시려고 자기 목숨을 내놓으신 것이다.

세상에 이런 목자는 예수님 한 분밖에 없다. 예수님이 그렇게 하신 것은 자신이 '선한 목자'이기 때문이라고 하셨다. 선한 목자는 단순히 좋은 목자, 착한 목자만을 의미하지 않는다. "나는 선한 목자다"라는 말은 예수님의 자기 선언이다. 선한 목자는 메시아적 칭호이다. 예수님 같은 목자는 이 세상에 없다. 예수님만이 선한 목자(the Good Shepherd), 신성한 목자(the Divine Shepherd), 완전한 목자(the Perfect Shepherd), 의로운 목자(the Righteous Shepherd), 하나님이 기름 부어 세우신 목자(God's anointed Shepherd)이다.

3.
성탄 이야기에
목자들이 등장하는 이유는?

　베들레헴은 양을 많이 치던 곳이다. 다윗도 어린 시절 이곳에서 양을 쳤으며, 예수님이 탄생하시던 날 밤 목자들이 양을 치던 들판도 바로 베들레헴이었다. 베들레헴은 높은 산악 지대에 있으며 베들레헴을 벗어나면 바로 광야가 펼쳐진다.

　베들레헴에서는 많은 동굴이 발굴되었다. 고대 시대에는 동굴에서 많이 살았는데, 여름에는 시원하고 겨울에는 따뜻하기 때문이다. 동굴 입구 안쪽은 2층으로 이루어져 있어서, 윗쪽에는 사람들이 살고 아래쪽에는 짐승들이 살았다.

　그러면 베들레헴에서는 어떤 짐승들을 키웠을까? 소나 말이 아니라 양이다. 예수님이 태어나신 구유는 말이나 소에게 먹이를 주는 말구유가 아니라, 양들에게 먹이를 주는 구유였다.

　이 구유는 어디에 놓여 있었을까? 대부분의 사람은 양이나 염소의 은신처를 집 밖에 따로 세우지 않고, 앞에서 살펴본 대로 동굴 안에 마련해 주었다. 동굴 안에서 사람들과 같이 지내게 했던 것이다.

이야기를 요약해 보자. 예수님은 외양간이나 마구간이 아니라 양 우리에서 태어나셨다. 말구유가 아니라 양에게 먹이를 주는 구유에서 태어나셨다. 왜 양 우리에서 태어나셨을까? 왜 양에게 먹이를 주는 구유에서 태어나셨을까?

이유는 간단하다. 그분은 이 세상에 선한 목자로 오신 메시아이셨기 때문이다. 목자가 양 우리에 있는 것이 당연한 일 아닌가? 이렇게 이 세상에 목자로 오신 메시아 예수님은 양들이 지켜보는 가운데 양들에게 둘러싸여 태어나셨다. 단순하게 여관에 방이 없어서 구유에 태어나신 것이 아니다.

이렇게 이 세상에 선한 목자로 오신 메시아 예수님이 양 우리에 있는 구유에 누워 계실 때 누가 가장 먼저 예수님을 경배하러 왔는가?

베들레헴 들판(광야)에서 한밤중에 양을 치던 목자들이었다. 그들에게 예수 탄생의 기쁜 소식이 천사들을 통해서 가장 먼저 전해졌다.

그 당시에 메시아의 탄생을 학수고대하고 있는 사람들이 얼마나 많았겠는가? 하필이면 왜 목자들에게 가장 먼저 예수님의 탄생 소식이 전해졌을까?

이유는 간단하다. 예수님은 이 세상에 선한 목자로서 오신 메시아이셨기 때문이다. 그래서 목자들에게 가장 먼저 그 소식을 전해 주신 것이다. 베들레헴의 목자들은 이 소식을 듣고 예수님이 누워 계신 양 우리로 달려가서 무릎을 꿇고 경배를 드렸다. 목자들이 경배를 드린 아기 예수님은 그들의 목자장이 되시는 메시아셨다.

구유에 누워 계신 아기 예수께 가장 먼저 경배를 드린 이 목자들은 어떤 목자들이었을까? 어떤 목자들이었기에 가장 먼저 예수 탄생의 기쁜 소식이 전해졌을까?

그들은 한밤중에도 자지 못하고 깨어서 양을 치던 목자들이었다. 그들이 깨어 있었기 때문에 그들에게 그 소식이 전해졌던 것일까? 그렇지 않다. 이 목자들은 특별한 목자들이었다. 그들을 밤에도 양을 쳐야만 했던 가난한 목자들로 상상하기도 하는데, 그렇지 않다. 그들은 단순히 생계를 위해서 양을 치는 목자들이 아니었다. 양털을 깎기 위해 양을 치는 목자들이 아니었다.

그들은 예루살렘 성전에서 제물로 바칠 양을 키우는 목자들이었다. 베들레헴에서 키우는 양은 거의 모두 예루살렘 성전에서 제물로 바쳐질 양들이었다. 이런 양들을 베들레헴에서 키운 이유는 베들레헴이 예루살렘에서 멀지 않은 곳에 있었기 때문이다. 제물로 바칠 양들은 흠이 없어야 했다. 먼 곳에서 양들을 데리고 오다 보면 흠이 생기기 쉽다. 그러면 제물로 바칠 수 없다. 그래서 베들레헴에서 제물로 바칠 양들을 키웠다.

베들레헴 들판에서 양을 치고 있는 목자

이렇게 이 목자들은 하나님께 제물로 드릴 양들을 돌보는 일에 헌신하는 목자였다. 그래서 밤에도 자지 않고 양들을 돌보고 있었던 것이다. 이런 목자들에게 메시아 탄생의 기쁜 소식이 맨 처음 전해졌을 때 그들은 예수께서 누워 계신 곳으로 달려가 그분 앞에 경배를 드렸다.

　그들이 경배한 예수님은 어떤 분이셨는가? 세상 죄를 지고 가는 어린 양이셨다. 장차 모든 사람을 위해서 대속 제물로 바쳐지기 위해 이 땅에 희생양으로 오신 메시아이셨다. 그래서 하나님께서는 희생양으로 드릴 양들을 키우는 그 목자들이 인류의 희생양이 되실 아기 예수를 맨 먼저 경배할 수 있게 하셨던 것이다.

4.
양들이 정말
자기 목자를 알아볼까?

나는 선한 목자라 나는 내 양을 알고 양도 나를 아는 것이 아버지께서 나를 아시고 내가 아버지를 아는 것 같으니 … (요 10:14-15).

어느 목사님이 비행기를 타고 가는데 옆 자리에 앉은 사람이 반갑게 인사를 하면서 아는 체를 했다. 그리고 말도 걸고 마실 것도 주었다. 그래서 참 고마운 사람이라고 생각하고 그를 전도하고 싶었다.
"자매님은 교회 나가시나요?"
"그럼요."
"아, 그러시군요. 실례지만 어느 교회 나가시나요?"
"예? 목사님도 농담을 잘 하시네요. 목사님 교회 나가잖아요."
알고 보니 그 사람은 그 교회 권사였다. 그런데 그 교회 권사가 하도 많아 못 알아본 것이었다.

한번은 잘 아는 목사님이 식당에서 식사를 하고는 웨이트리스(waitress)를 전도하기 위해 말을 건넸다.

"혹시 교회에 나가세요?"

"저, 목사님 교회 다니는데요."

"아, 죄송합니다. 우리 교회 나오신 지 얼마나 되셨나요?"

"세 달도 넘었습니다."

그분은 그 다음 주부터 그 교회에 안 나왔다고 한다. 큰 교회에 나가다 보면 이런 일을 당할 수도 있을 것이다.

그러나 우리의 진짜 목자가 되시는 예수님은 어떤 분일까?

나를 아주 잘 아신다.
나의 이름을 아실 뿐만 아니라 나의 형편과 처지를 아신다.
나의 기도 제목을 아시고 마음의 소원을 아신다.
나의 약점과 장점을 아신다.
나의 아픔을 아시고 상처를 아신다.
나의 부족함을 아신다. 기질도 아신다.
나의 가장 깊숙한 곳까지 나만의 비밀도 알고 계신다.
내가 태어나기 전 형질이 이루어지기 전부터 나를 알고 계신다.
나의 과거와 나의 현재도 아신다. 나의 히스토리를 다 알고 계신다.
내가 기도하기 전에 나에게 필요한 것이 무엇인지 이미 다 알고 계신다.
내가 기도할 때, "주여" 하고 부르기만 해도 예수님은 내가 무슨 기도를 하려고 하는지 다 아신다.

교회 유아실에서 여러 명의 아이가 갑자기 한꺼번에 울기 시작했다. 그러자 옆방에서 성경 공부를 하던 엄마 몇 명이 동시에 일어나서 유아실로 달려갔다. 여러 아이가 같이 울어대는데도 그 울음소리 가운데서 엄마는 자기 아이 울음소리를 정확하게 알아듣는다. 엄마이기 때문에 가능한 것이다. 요즘 울음 판독기가 나왔다고 한다. 아이들이 울 때 왜 우는지를 알려주는 기계라고 한다. 하나님께서는 그런 것이 필요 없다. 그분은 우리가 눈물을 흘릴 때 왜 우는지 아신다.

목자만 양을 아는 것이 아니고 양도 목자를 안다. 양들이 야외에서 밤을 지낼 때 다른 양 떼와 같이 자는 경우가 많다. 그렇게 되면 양들이 서로 섞이게 된다. 그렇게 되면 다음 날 아침 목자들이 자기 양을 고르느라 대 혼란이 일어날 것으로 생각할 수 있겠지만, 그렇지 않다. 목자가 일일이 자기 양을 찾을 필요가 없다. 양들이 다 알아서 자기 목자를 찾아오기 때문이다.

성지 순례를 간 어떤 사람이 양이 정말 자기 목자를 알아보는지 알아보기 위해 목자와 똑같은 옷을 입고, 지팡이를 짚고, 목자의 음성을 흉내내면서 양들을 불렀다. 그러나 한 마리도 그 가짜 목자를 따라오지 않았다고 한다.

> 자기 양을 다 내놓은 후에 앞서 가면 양들이 그의 음성을 아는 고로 따라오되 타인의 음성은 알지 못하는 고로 타인을 따르지 아니하고 도리어 도망하느니라
> (요 10:4-5).

요르단 카락(Karak) 근처에 사는 한 베두인의 이야기다. 한 여인이 양을 치다가 한 마리 새끼 양을 잃어버리고 말았다. 그래서 같이 치던 다른 양 떼들과 섞이지 않았나 해서 다른 목자들에게도 알아보았지만, 잃은 양을 찾지 못했다. 그런 일이 있은 후, 두 달이 지났을 때 그 동네로 큰 양 떼가 지나가는 것을 보았다. 그 여인은 그 양 떼의 목자들을 만나 자초지종을 이야기하면서 자기 양을 보지 못했느냐고 물어보았다. 그런데 믿지 못할 일이 벌어졌다.

그 여인이 목자들과 이야기를 나누고 있는데, 바로 그녀가 찾고 있던 양이 양 떼 속에서 나와 그녀에게 다가오는 것이 아닌가?

어떻게 된 일일까? 이 양은 길을 잃어버리고 다른 목자에게 갔다가 자기 목자의 음성을 듣고 다시 찾아온 것이다.

양들은 목자를 알아볼 뿐만 아니라 자기 무리도 알아본다. 양은 거의 50마리 정도의 다른 양들을 알아보는 것으로 알려져 있다. 베두인이 여러 양 떼를 같이 돌볼 때가 있다. 이때 양들은 같은 주인의 양끼리 몰려다닌다고 한다. 또 양들은 집으로 돌아올 때 자기 집 앞을 지나가면 알아서 자기 집으로 들어간다고 한다. 일일이 목자가 양들을 집으로 데려다 줄 필요가 없는 것이다. 이렇게 양들은 목자를 알아보고 자기 친구들을 알아본다.

> 소는 그 임자를 알고 나귀는 그 주인의 구유를 알건마는 이스라엘은 알지 못하고 나의 백성은 깨닫지 못하는도다 … (사 1:3).

소나 나귀뿐만 아니라 양도 자기 주인을 알아본다. 그러나 자기 주인인 하나님을 알아보지 못하는 사람들이 얼마나 많은가?

5.
양들에게 정말 이름을 붙여 줄까?

예수님이 양의 이름을 한 마리씩 부르면서 불러낸다고 하셨는데, 과장된 표현일까? 아니면 사실일까?

지금도 많은 목자가 자기 양의 이름을 다 지어 주지는 않더라도 특별히 사랑하는 몇몇 양에게는 이름을 지어 준다. 그런가 하면 베두인 가운데 어떤 종족은 모든 양에게 다 이름을 지어 준다고 한다(예, Awazim tribes of Kuwait and Najd).

인도에 양을 300마리 키우는 사람이 있었는데, 그는 자신이 키우는 양 모두에게 이름을 붙여 주었다고 한다. 이름을 다 붙여 주었다고 하는 것은 한 마리 한 마리 개별적으로 300마리 양을 다 안다는 이야기다. 우리 눈에는 양이 다 똑같이 생겼는데, 어떻게 구분하는지 놀라울 뿐이다. 그런데 신기하게도 목자가 양의 이름을 부르면 자기를 부르는 줄 알고 달려온다고 한다. 목자는 양을 알고, 양도 목자를 아는 것이다.

이름은 양의 특징을 가지고 짓는다. 눈이 크면 왕눈이, 점이 있으면 점박이, 점순이, 점돌이 … 그런 식으로 이름을 지어 주는 것이다. 태어난 장소를 이름으로 지어 주거나, 태어날 때 특별한 일이 있었으면 그것을 가지고 이름을 지어 주기도 한다.

베두인은 하루 종일 아니 평생 동안 양과 같이 지낸다. 그들은 친구가 없다. 양이 친구이다. 그래서 양을 가족처럼 사랑하고, 가족처럼 돌보고 가족처럼 같이 생활한다.

베두인의 장막은 한쪽 끝에 양 우리가 있다. 사람 사는 집과 양 우리가 같은 천막 안에 있는 것이다. 같은 지붕 아래서 사람과 양이 같이 살아간다. 커튼 하나 사이로 한쪽에는 사람이 살고, 다른 쪽에는 양이 산다. 그만큼 양을 가족처럼 아끼고 사랑하는 것이다.

베두인 장막을 방문했을 때 다리가 부러진 양을 한 마리 보았다. 그런데 다음 날 아침에 보니 그 양이 양 우리에 있지 않고 주인(목자)의 안방에 있는 것이 아닌가? 주인이 불쌍하니까 자기 방에서 재운 것이다. 나단의 신탁 가운데 나오는 말이 단순히 시적인 표현이 아니었음을 깨달았다.

> 자기가 사서 기르는 작은 암양 새끼 한 마리뿐이라 그 암양 새끼는 그와 그의 자식과 함께 자라며 그가 먹는 것을 먹으며 그의 잔으로 마시며 그의 품에 누우므로 그에게는 딸처럼 되었거늘 (삼하 12:3).

이것이 목자와 양의 관계이다. 목자가 양에게 이름을 지어 주는 것은 그만큼 양을 사랑한다는 증거이다.

> 내가 너를 내 손바닥에 새겼고 (사 49:16).

하나님은 내 이름을 그분 손바닥에 새기셨다. 우리를 잊지 않기 위해서다. 그분은 나를 아신다. 내 이름을 아신다. 아브라함이나 모세만 아는 것이 아니고, 베드로나 요한만 아시는 것이 아니고, 마틴 루터나 존 웨슬리만 아는 것이 아니고, 빌리 그레이엄 목사님 같은 분만 아는 것이 아니고, 나 같은 사람도 아신다. 왜냐하면, 그분은 우리의 목자이시기 때문이다!

6.
시편 23편의 양들은
푸른 초원에 살까?

시편 23편을 그림으로 그려보라고 하면 거기에는 반드시 푸른 풀밭과 잔잔히 흐르는 시냇물이 있을 것이다. 그리고 양들이 푸른 풀밭에서 평화롭게 꼴을 뜯거나 쉬고 있을 것이다. 그 옆에는 목자가 서 있고, 그의 손에는 지팡이가 들려 있을 것이다. 그리고 목자이신 예수님의 품에는 어린 양이 한 마리 안겨 있을 것이다.

얼마나 낭만적이며 목가적인 풍경인가? 마치 어디선가 목자들의 피리 소리가 들려오는 것 같지 않은가? 그런데 정말 이 그림이 잘 그린 그림일까, 제대로 된 그림일까? 모세가 언제 어디에서 무엇을 하다가 하나님의 부르심을 받았는가?

모세가 그의 장인 미디안 제사장 이드로의 양 떼를 치더니 그 떼를 광야 서쪽으로 인도하여 하나님의 산 호렙에 이르매 여호와의 사자가 떨기나무 가운데로부터 나오는 불꽃 안에서 그에게 나타나시니라 그가 보니 떨기나무에 불이 붙었으나 그

떨기나무가 사라지지 아니하는지라 (출 3:1-2).

모세가 미디안 광야에서 양을 치다가 하나님의 부르심을 받았다는 사실은 누구나 잘 알고 있을 것이다. 그러면 묻겠다.

모세가 어디에서 양을 치다가 하나님의 부르심을 받았는가? 광야에서다. 광야에서 무엇을 하다가 부르심을 받았는가? 양을 치다가. 그러면 다시 한 번 묻겠다. 양은 어디서 치는가? 초원에서? 잔잔한 물가가 있는 곳에서?

아니다. 광야에서다. 성경에 나오는 양들은 광야에서 사는 양들이다. 이스라엘 사람은 광야에서 양을 쳤다. 지금도 이스라엘이나 이집트, 요르단, 사우디아라비아에서는 광야에서 양을 치고 있다.

베두인은 광야에서 평생 양과 염소를 치면서 살아가는 유목민이다. 그들은 장막(텐트)에서 생활한다. 양들과 함께 계속 이동하면서 살아야 하기 때문에 집을 짓고 살 수가 없다. 이들은 몇천 년 동안 문명의 세계를 등지고 광야에서 양을 치면서 살아가고 있다. 이런 베두인이 시나이반도와 아라비아반도, 이집트, 요르단 그리고 이스라엘의 네게브 광야와 유대 광야에 걸쳐 20여만 명이 있다.

모세가 양을 치면서 40년간 살았던 미디안 광야가 바로 베두인의 고향이다. 우리는 기드온의 300 용사 이야기를 통해서 미디안을 잘 알고 있다. 미디안 족속은 해마다 추수 때가 되면 이즈르엘 평야로 쳐들어왔다. 미디안은 오늘날의 사우디아라비아를 말한다. 그 멀리서 요르단을 거쳐 이즈르엘 평야까지 해마다 쳐들어온 이유는 바로 곡식을 약탈하기 위함이었다. 사우디아라비아에는 사막밖에 없다. 농사지을 수 있는 곳이 없다. 그래서 목축밖에 하지 못한다. 그러니 곡식을 얻기 위해서 그 먼 곳까지 쳐들어가야만 했던 것이다. 사막의 베두인은 미디안 족속처럼 약탈 민족이다. 사막에서 살아남기 위해서는 곡식을 약탈하는 것밖에는 달리 다른 방법이 없기 때문이다.

이집트에서 나온 이스라엘 백성이 가나안에 들어가는 길에 미디안을 쳐들어간 적이 있다. 그때 탈취한 목록을 보자.

> 그 탈취물 곧 군인들의 다른 탈취물 외에 양이 육십칠만 오천 마리요 소가 칠만 이천 마리요 나귀가 육만 천 마리요(민 31:32-34).

미디안족이 유목민이었음을 잘 보여 준다. 이렇게 성경에 나오는 양들은 광야에 산다. 광야와 사막은 의미에 약간의 차이가 있다. 사막은 사하라 사막처럼 끝없이 펼쳐진 모래 사막을 말한다. 그러나 광야는 황무지나 버려진 땅을 의미한다. 이런 광야에는 험한 산이 많다. 물론 나무 한 그루 보기 힘든 산들이다. 이스라엘에서는 주로 유대 광야 지역에서 양을 쳤다. 지금도 예루살렘에서 여리고에 이르는 유대 광야에서 베두인이 양을 치는 모습을 쉽게 볼 수 있다.

시편 23편에 나오는 "푸른 풀밭"은 뉴질랜드나 스위스의 풀밭으로 생각하면 안 된다. 이 "푸른 풀밭"은 끝없이 펼쳐진 풀밭이 아니라 광야에 여기저기 조금씩 듬성듬성 풀이 나 있는 곳이다.

다음 구절들을 잘 읽어 보라. 풀밭이 어디에 있는가?

> 내가 잡혀 있는 자에게 이르기를 나오라 하며 흑암에 있는 자에게 나타나라 하리라 그들이 길에서 먹겠고 모든 헐벗은 산에도 그들의 풀밭이 있을 것인즉 그들이 주리거나 목마르지 아니할 것이며 … (사 49:9-10).

> 이 땅에 간음하는 자가 가득하도다 저주로 말미암아 땅이 슬퍼하며 광야의 초장들이 마르나니 그들의 행위가 악하고 힘쓰는 것이 정직하지 못함이로다(렘 23:10).

다음 구절에서는 풀밭이 '들'에 있는 것으로 되어 있다. 여기에서 들은 우리나라의 들판(평야)이 아니라 버려진 땅, 황무지, 광야를 뜻한다. 영어 성경에서는 모두 'wilderness'로 번역하고 있다.

들의 초장에도 떨어지니 작은 산들이 기쁨으로 띠를 띠었나이다 초장은 양 떼로 옷 입었고 … (시 65:12-13).

… 들의 풀이 싹이 나며 나무가 열매를 맺으며 무화과나무와 포도나무가 다 힘을 내는도다(욜 2:22).

누가복음 15장 4절을 보면 목자가 아흔아홉 마리 양을 "들에 두고" 잃은 양을 찾으러 간 것으로 되어 있다. 여기에서도 '들'로 번역된 헬라어 에레모스(*eremos*)는 들(평야)이 아니고 광야(버려진 땅)를 의미한다.

성경에서 광야를 지칭하는 대표적인 히브리어가 미드바르(*midbar*)와 나베(*naweh*)인데, 광야라는 뜻 외에 풀밭이라는 뜻으로도 많이 사용된다. 우리말로는 광야와 풀밭이 전혀 다른 말인데, 히브리어로는 같은 말이다. 아브라함이나 이삭, 야곱 같은 족장은 유목민이었는데, 그들이 양을 친 곳도 광야였다. 그들은 땅이 없었다. 농사를 짓지 않았다. 그 대신 양을 쳤다.

그러면 어디에서 양을 쳤을까? 농사를 짓지 않는 산이나 황무지, 광야 같은 곳을 찾아다니며 양을 쳐야 했다. 그들은 주로 브엘세바와 헤브론 근처에서 살았다. 브엘세바는 사람이 살 수 있는 최소한의 비가 내리는 지역으로서 성경에서도 남방 한계선으로 나온다. 브엘세바를 지나면 바로 이어서 네게브 사막이 펼쳐진다. 헤브론은 해발 1,000미터 정도의 산악지대로서 동쪽으로는 유대 광야가 펼쳐져 있다.

그러면 왜 아브라함과 이삭은 이런 곳을 터전으로 삼고 살았을까? 광야를 끼고 있는 지역이었기 때문이다. 양을 키우려면 광야가 있어야 한다.

남의 밭에 들어가서 양을 키울 수는 없는 것 아닌가? 그러다보니 광야와 험한 산을 끼고 있는 헤브론과 브엘세바 근처에서 살 수밖에 없었던 것이다.

베들레헴에서도 양을 많이 쳤다. 다윗이 바로 이곳 베들레헴 출신이다. 그곳에서 양을 치다가 하나님께서 이스라엘의 목자로 부르셨다. 예수께서 태어나시던 날 밤, 맨 먼저 아기 예수님을 찾아가 경배한 이들도 베들레헴의 목자였다. 베들레헴도 해발 900미터가 넘는 산악지대로서, 베들레헴을 벗어나면 바로 황량한 유대 광야가 펼쳐진다. 그렇기 때문에 그곳에서 양을 칠 수 있었던 것이다.

잃은 양 비유의 무대가 어디인가? 산이다(마 18:12). 번역에 따라서 잃은 양을 찾아 산으로 갔다고 한 성경도 있고, 아흔아홉 마리의 양을 산에 두고 잃은 양을 찾으러 갔다고 한 성경도 있다. 사본에 따라 다르게 기록되어 있기 때문이다. 그러나 여기에서 우리가 알 수 있는 사실은 양들을 키우는 곳이 산이라는 것이다.

누가복음에서는 아흔아홉 마리의 양을 "들"에 두고 잃은 양을 찾으러 갔다고 되어 있다(눅 15:4). 들이라고 번역된 헬라어는 에레모스(*eremos*)로서, 우리는 들이라고 하면 곡식이 자라는 기름진 들판이나 평야를 연상한다. 그러나 에레모스는 그런 비옥한 들이 아니라 빈들, 다시 말해 버려진 땅, 외딴 곳, 황무지, 광야를 의미한다. 예수께서 40일 동안 시험 받으신 곳이 바로 이 광야(에레모스)이며(마 4:1), 오병이어의 기적을 행하신 곳도 바로 광야(에레모스)이다(마 14:15). 그리고 세례 요한이 활동했던 곳도 바로 광야(에레모스)이다. 바로 이런 광야, 황무지에서 양들을 키운다(눅 15:4).

그러면 왜 마태복음에는 양들을 산에 두고 갔다고 했고, 누가복음에서는 들(광야)에 두고 갔다고 했는가? 이스라엘의 광야는 사하라 사막처럼 모래가 끝없이 펼쳐진 사막이 아니고 황무지 산으로 이루어져 있다. 그러므로 마태가 말하는 산이나 누가가 말하는 광야는 같은 것이다.

출애굽 시 이스라엘 백성은 광야에서 40년간 아무것도 하지 않고 살았을까? 아니다. 그들은 광야에서 양을 치며 살았다. 이집트에서 떠날 때 그들은 수십만 마리의 양 떼를 데리고 나갔다.

느보산(요르단) 중턱에서 풀을 뜯고 있는 양들

여호와께서 애굽 사람들에게 이스라엘 백성에게 은혜를 입히게 하사 그들이 구하는 대로 주게 하시므로 그들이 애굽 사람의 물품을 취하였더라 이스라엘 자손이 라암셋을 떠나서 숙곳에 이르니 유아 외에 보행하는 장정이 육십만 가량이요 수많은 잡족과 양과 소와 심히 많은 가축이 그들과 함께하였으며 (출 12:36-38).

수십만 마리의 양이 어디에서 났을까? 이집트 사람에게서 탈취했을까? 그렇지 않다. 이스라엘 백성은 이집트에 내려올 때 양 떼를 끌고 내려왔으며 이집트에서도 대대로 양을 치면서 살았다.

그들이 또 바로에게 고하되 가나안 땅에 기근이 심하여 종들의 양 떼를 칠 곳이 없기로 종들이 이곳에 거류하고자 왔사오니 원하건대 종들로 고센 땅에 살게 하소서 바로가 요셉에게 말하여 이르되 네 아버지와 형들이 네게 왔은즉 애굽 땅이 네 앞에 있으니 땅의 좋은 곳에 네 아버지와 네 형들이 거주하게 하되 그들이 고센 땅에 거주하고 그들 중에 능력 있는 자가 있거든 그들로 내 가축을 관리하게 하라 (창 47:4-6).

광야에서 이스라엘 백성이 겪었던 어려움 가운데 하나는 양에게 마시게 할 물이 없다는 것이었다.

너희가 어찌하여 여호와의 회중을 이 광야로 인도하여 우리와 우리 짐승이 다 여기서 죽게 하느냐 (민 20:4).

모세가 반석을 쳐 물이 흘러나왔을 때 사람만 마신 것이 아니고 짐승들도 같이 마셨다.

모세가 그의 손을 들어 그의 지팡이로 반석을 두 번 치니 물이 많이 솟아나오므로 회중과 그들의 짐승이 마시니라(민 20:11).

하나님께서 모세에게 두 번째 십계명 돌판을 주실 때에는 이렇게 경고하셨다.

아무도 너와 함께 오르지 말며 온 산에 아무도 나타나지 못하게 하고 양과 소도 산 앞에서 먹지 못하게 하라(출 34:3).

광야 40년이 거의 끝나갈 무렵에 이스라엘 백성은 가나안에 들어가기 위해 에돔 땅을 지나야 했다. 그때 모세가 에돔왕에게 그들의 땅을 지나갈 수 있도록 허락해 달라고 하면서 만일 짐승이 물을 마시거나 농작물에 해를 끼치면 배상을 하겠다고 했다.

이스라엘 자손이 이르되 우리가 큰길로만 지나가겠고 우리나 우리 짐승이 당신의 물을 마시면 그 값을 낼 것이라 우리가 도보로 지나갈 뿐인즉 아무 일도 없으리이다 하나(민 20:19).

우리는 여기에서 광야 40년 내내 이스라엘 백성이 양을 쳤음을 알 수 있다.

양이 약한 짐승이긴 하지만 의외로 먼 거리도 잘 걷고 광야나 고산 지대의 기후에도 잘 적응한다. 그리고 무엇보다 수분 섭취를 많이 하지 않아도 문제가 없다. 그래서 양들을 광야에서 키울 수 있는 것이다.

이제 시편 23편에 나오는 양들이 어디에서 사는지 확실해졌을 것이다. 시편 23편의 무대는 풀밭이 아니라 광야다. 우리는 시편 23편에 대한 그림을 새로 그려야 할 것이다. 거기에는 푸른 풀밭과 쉴 만한 물가는 없다.

황량하고 거칠기만 한 광야, 나무 한 그루 없는 험한 산을 밑그림으로 그려야 한다. 그리고 거기에 사망의 음침한 골짜기도 그려야 한다.

그게 다가 아니다. 양들 앞에는 원수(맹수)들이 도사리고 있다. 늑대나 사자도 시편 23편의 그림에 넣어야 한다. 또 그려야 할 것이 있다. 양들이 하루 종일 험한 산길을 돌아다니느라 여기저기 상처가 났다. 그래서 목자가 그들에게 올리브기름을 발라 주고 있다. 새로 그리는 시편 23편의 그림에는 푸른 풀밭에 누워서 평화롭게 쉬는 양들이 아니라 여기저기 상처를 입고 피를 흘리고 있는 양들을 그려야 한다. 이것이 시편 23편에 대한 바른 그림이다. 이런 그림을 그려 놓고 보면 시편 23편이 지금까지와는 전혀 다르게 보일 것이다.

이렇게 시편 23편에 나오는 양들은 뉴질랜드에 사는 양들처럼 끝없이 펼쳐진 푸른 풀밭에서 사는 양들이 아니다. 이 양들은 버려진 땅, 광야, 황무지, 험한 산에 산다. 그들이 푸른 풀밭에 살기 때문에 "내게 부족함이 없으리로다"라고 노래하는 것이 아니다.

시편 23편에 나오는 양들은 광야에 살지만, 목자가 있기 때문에 행복한 양들이다. 광야에 살지만 광야에서도 식탁을 차려 주는 목자가 있기 때문에 행복한 양들이다. 광야의 험한 산을 오르내려야 하지만 안전한 길로 인도해 주는 목자가 있기 때문에 행복한 양들이다. 광야에 살지만, 그래서 사망의 음침한 골짜기를 지나야 하지만, 그런데도 그들과 동행해 주는 목자가 있기 때문에 행복한 양들이다.

맹수들이 늘 기회를 노리고 있는 광야에 살지만 그들과 동행해 주는 든든한 목자가 있어 행복한 양들이다. 원수들 앞에서 보란 듯이 상을 차려 주는 목자가 있기 때문에 행복한 양들이다. 광야에서 살기에 여기저기 상처가 많지만, 기름을 부어 상처를 치유해 주는 목자가 있기 때문에 행복한 양들이다. 광야에 살기에 하루 종일 옮겨 다녀야 하지만, 저녁때가 되면 양 우리에서 안식을 누리게 해 주는 목자가 있어 행복한 양들이다.

나는 왜 하나님을 목자로 삼고 살아가는데도 시편 23편과는 동떨어진 광야와 같은 삶을 살고 있는 것일까? 나는 왜 푸른 풀밭에 살지 못하고 광야에서 헤매고 있는 것일까? 그런 생각이 들 때가 있을 것이다. 그러나 우리가 살아가는 삶의 현장이 광야와 같다고 해서 이상한 것이 아니다. 양은 원래 광야에서 살기 때문이다. 우리만 광야에 있는 것이 아니다. 우리도 시편 23편의 양들처럼 광야에 살더라도 하나님을 우리의 목자로 삼고 살아가면 우리도 "내게 부족함이 없으리로다"라고 노래할 수 있을 것이다. 그리고 시편 23편이 우리 삶의 고백이요, 신앙고백이요, 간증이 될 수 있을 것이다.

7.
목자는 결코
낭만적인 직업이 아니다

　목자는 광야에서 하루 종일 이곳저곳으로 옮겨 다니며 양들에게 꼴을 먹여야 한다. 뜨거운 태양은 내리쬐는데, 쉴 만한 그늘도 없다. 여름이 되면 네다섯 달 동안 나가 있어야 한다. 여름 내내 집을 떠나서 지내야 한다. 밤에는 이슬을 맞으면서 들에서 자야 한다. 광야의 험한 산들을 오르내리다 잘못 디디면 그야말로 사망의 골짜기가 되고 마는 위험한 곳도 많다. 사망의 음침한 골짜기를 지날 때는 양만 무서운 것이 아니다. 목자도 무섭기는 마찬가지다.

　또 언제 어디서 늑대나 사자가 나타날지 모른다. 그러면 목자는 양들을 지켜 주기 위해서 싸워야 한다. 그것은 목숨을 건 싸움이다. 크게 다치거나 죽을 수도 있다. 다윗은 자기 양들을 이러한 맹수들에게서 지키기 위해 양들이 쉬는 동안에도 쉬지 못하고 물매 돌 던지는 연습을 했다. 다윗이 물매 돌 하나로 골리앗을 넘어뜨릴 수 있었던 것은 바로 양들을 지키기 위해서 물매 돌 던지는 연습을 피눈물 나게 했기 때문이다.

목자는 양이 다리가 부러지거나 다치면 그 양이 나을 때까지 계속 그 양을 어깨에 메거나 안고 다녀야 한다. 양 한 마리가 40킬로그램 정도 나간다고 할 때 그것을 하루 종일 안거나 어깨에 메고 다니는 것이 쉬운 일이겠는가?

광야에서 하루 종일 양들과 같이 지내는 것이 얼마나 지루하겠는가? 더군다나 여름에는 몇 달씩 집을 떠나서 양들과 같이 살아야 한다. 친구가 없다. 그러니 얼마나 외롭고 적적하겠는가? 하루 종일 가도 말할 사람 하나 없는 것이다. 누구에게 말하겠는가? 오직 양들뿐이다. 양들이 친구다.

목자는 지혜로워야 한다. 많은 양 떼를 혼자서 거느려야 하기 때문이다. 100마리의 양 떼를 한 곳으로 잘 인도해 가기란 쉬운 일이 아니다. 어떤 일이 있어서 양들이 흩어졌다고 했을 때 그 양들을 다시 모으기가 얼마나 어렵겠는가?

한밤중에 양을 치는 목자들

양들이 잘 때도 목자는 자지 못한다. 늑대는 밤을 노리기 때문이다. 그래서 목자들은 잘 때도 한쪽 눈만 감고 잔다는 말이 있다. 목자는 이렇게 항상 긴장하고 살아야 한다.

이렇게 양들을 돌본다는 것은 결코 쉬운 일이 아니다. 외삼촌의 양을 20년간 돌보았던 야곱이 이렇게 회고하지 않았는가?

> 낮에는 더위에 시달리고, 밤에는 추위에 떨면서, 눈 붙일 겨를도 없이 지낸 것, 이것이 바로 저의 형편이었습니다(창 31:40, 새번역).

이것이 목자의 삶이다. 오늘날 모직 주식회사에서 목자들을 고용한다면 그들에게 생명 수당을 지불해야 한다. 맹수에게 생명을 잃을 수도 있기 때문이다. 위험 수당도 지불해야 한다. 광야와 험한 산에서 일을 해야 하기 때문이다. 외근 수당도 지불해야 한다. 여름 네다섯 달 동안은 하늘을 이불 삼고 돌을 베개 삼고 찬이슬 맞으면서 자야 하기 때문이다. 야근 수당도 지불해야 한다. 밤에도 잠을 제대로 자지 못하고 야근을 하면서 양을 지켜야 하기 때문이다. 특별 수당도 지불해야 한다. 거의 모든 시간을 혼자서 보내야 하기 때문이다.

8.
양은 목자 때문에 살고, 목자는 양 때문에 산다

　베두인은 문명의 세계와 완전히 담을 쌓고 아무것도 없는 광야에서 평생을 살아가는데, 어떻게 그것이 가능할까? 그들은 양이나 염소 몇 마리만 있으면 광야에서 살아가는 데 문제가 없다. 그것들이 살아가는 데 필요한 모든 것을 다 제공해 주기 때문이다.
　양이나 염소는 우선 털을 공급해 준다. 이 털로 옷을 만들어 입는다. 양털(wool)로 만든 옷은 여름에는 시원하고 겨울에는 따뜻하다. 양이나 염소는 매일 젖을 공급해 준다. 그래서 매일 신선한 우유를 마실 수 있다. 또 이 젖으로 치즈나 요구르트도 만들어 먹는다.
　양이 죽으면 고기를 먹는다. 가죽으로는 장막을 만들기도 하고 물주머니를 만들기도 한다. 뿔로는 나팔을 만들어 양을 칠 때 사용하기도 하고, 피는 제사용으로 사용한다. 뼈로는 연장들을 만든다. 광야에는 나무가 없다. 그런데 어떻게 불을 지피겠는가? 바로 양이나 염소의 똥을 말려서 태우면 아주 화력이 좋다. 이렇게 양은 어느 것 하나 버릴 것이 없다. 인간이 살아가는 데 필요한 의식주 문제를 다 해결해 준다.

이집트에서 노예 생활을 하던 이스라엘 백성들이 출애굽 할 때 금과 은을 잔뜩 가지고 나왔다. 그리고 수많은 양 떼를 몰고 나왔다(출 12:36-38).

베두인 여인이 염소 젖을 짜고 있다

그들이 양 떼를 데리고 나왔다고 하는 사실은 매우 중요하다. 왜냐하면, 광야에서 살아가는 데 가장 필요한 것이 바로 이 양과 염소이기 때문이다. 이스라엘 백성은 결코, 만나와 메추라기만 먹고산 것이 아니었다. 바위에서 터져 나오는 생수만 마시고 산 것이 아니었다. 매일 신선한 우유를 마셨다. 때로는 고기를 먹기도 했다. 이집트에서 나올 때 가지고 나온 옷을 40년간 입은 것이 아니었다. 양털로 필요할 때마다 옷을 해 입었다. 모두가 다, 양 덕분에 그럴 수 있었던 것이다.

목자는 자기 양을 자기 목숨을 내놓을 정도로 사랑하고 돌보며 자기 가족처럼 여긴다. 또 양은 자기를 돌보아 주는 목자를 위해서 모든 것을 다 바친다. 죽어서도 모든 것을 주인을 위해 바친다. 이것이 양과 목자의 관계이다. 목자 때문에 양이 살고, 양 때문에 목자가 산다.

양의 젖을 짜 주지 않으면 퉁퉁 붓는다. 그리고 결국, 염증이 생긴다. 그러므로 자주 짜 줘야 한다. 그래야 또 나온다. 털을 깎아주지 않으면 피부병에 걸리기 쉽다. 또 움직이는 것이 둔해진다. 잘 따라오지 못한다. 넘어지기 쉽다. 양은 넘어지면 혼자서는 일어서지 못한다. 그대로 내버려두면 나중에는 호흡 곤란으로 죽고 만다. 털은 자꾸 깎아 주어야 한다. 깎으면 또 자라지 않는가?

털 깎을 때 보면 보기에 민망할 정도로 홀딱 깎아 버린다. 그런데 양은 조금도 저항하지 않고 가만히 있다. 잠잠히 있다.

> 그는 굴욕을 당하고 고문을 당하였으나, 아무 말도 하지 않았다. 마치 도살장으로 끌려가는 어린 양처럼 마치 털 깎는 사람 앞에서 잠잠한 암양처럼, 끌려가기만 할 뿐, 아무 말도 하지 않았다(사 53:7, 새번역).

소가 도살장에 끌려갈 때는 죽을 것을 안다고 한다. 양도 자기가 죽을 것을 안다. 목자가 시퍼렇게 날선 예리한 칼을 양의 목에 갖다 댄다. 그래도 양은 조금도 저항하지 않고 가만히 있는다. 마치 아브라함이 이삭을 제단 위에 묶어 놓고 칼을 내리치려 할 때 이삭이 꼼짝도 하지 않고 가만히 있었던 것처럼 그리고 예수님이 십자가에서 희생양으로 바쳐질 때 그러셨던 것처럼, 양은 자기를 그렇게도 사랑해 주던 목자가 자기를 죽이려고 하는데도 가만히 기다린다. 죽기까지 순종하는 것이다.

양은 자기의 모든 것을 다 내어준다. 목자가 양을 위해서 자기 목숨까지 버리듯이, 양도 목숨까지 자기 목자를 위해서 바치는 것이다. 은혜를 아는 것이다. 감사를 그렇게 표현하는 것이다. 우리는 "내게 있는 모든 것을 아낌없이 바치네"라고 찬송은 하면서도 실제로는 그렇게 못한다. 그러나 양들은 자기를 돌보아 주는 목자를 위해서 그들에게 있는 모든 것을 아낌없이 바친다. 살아서뿐만 아니라 죽어서도 그렇게 한다.

9.
오늘날엔 목자는 없고
목장 관리인만 있다

　뉴질랜드 같은 곳에서는 몇천 마리의 양을 끝없이 펼쳐진 목장에 방목한다. 그렇기 때문에 목자가 양들을 푸른 풀밭이나 쉴 만한 물가로 데리고 갈 필요가 없다. 사방에 널려 있는 것이 꼴이기 때문이다. 그래서 양들은 스스로 알아서 꼴을 뜯어 먹고 물을 마신다. 목자가 그들을 의의 길(안전한 길)로 인도할 필요도 없다. 울타리가 있어서 위험한 곳으로 나가지 못하게 되어 있기 때문이다. 길을 잃어버릴 염려도 없다. 울타리 안에 있기 때문이다. 사망의 음침한 골짜기 같은 곳도 없다. 대평원이기 때문이다. 늑대나 하이에나도 두려워할 필요가 없다. 담이 잘 쳐져 있기 때문이다.

　이런 양들은 목자가 별로 필요 없다. 목자 없이도 얼마든지 잘 살 수 있다. 목자의 도움을 거의 필요로 하지 않는다. 사실 그들에게는 목자가 없다. 목장 관리인만 있을 뿐이다. 목장 관리인은 가끔 그들에게 모습을 드러낸다. 그러나 목장 관리인이 나타나면 양들은 긴장을 한다. 목장 관리인이 나타나면 털을 깎거나 아니면 트럭에 실어 내다 팔기 때문이다.

이런 곳에 사는 양들의 주인은 자기 양을 알아볼 리 만무하다. 수백 마리에서 수천 마리에 이르는 그 많은 양을 어떻게 일일이 알 수 있겠는가?

아마도 자기 목장에 양이 정확하게 몇 마리 있는지도 모를 것이다. 양이 많다보니 잃어버린 양이 있는지 없는지 관심도 없을 것이다. 혹시 잃어버린 양을 찾으러 간다고 해도 그 양이 불쌍하거나 그 양을 사랑해서가 아니라 재산상의 손해를 보지 않기 위해서일 것이다. 그들은 목자가 아니라 모직 주식회사 사장 정도로 생각하면 될 것이다. 털을 깎기 위해서 양을 키우는 사람들이기 때문이다.

현대 교회는 시편 23편이나 요한복음 10장보다는 뉴질랜드의 목장을 많이 닮아가는 것 같다.

	현대 교회	시편 23편 / 요한복음 10장
예수님	회장	목자(장)
목사	CEO	목자(shepherd)
교회	주식회사	목장
교인	고객	양
목적	service	돌봄
평가	크기(숫자), 이윤	건강, 생명
리더십	CEO Leadership 카우보이 리더십(몰아붙임) 지시 카리스마	목자 리더십 목자 리더십(가이드, 온도) 동행 / 일체감 희생 / 섬김

제2부

내게 부족함이 없으리로다

10.
양의 운명은 100퍼센트 목자에게 달려 있다

　목자를 잘못 만나면 양들은 불행하게 된다. 꼴도 제대로 얻어먹지 못하고 제대로 보살핌을 받지도 못한다. 푸른 풀밭과 쉴 만한 시냇가는 꿈도 꾸지 못한다. 풀밭의 풀도 말라 버리고, 양 우리도 다 쓰러져 가고, 양들은 비쩍 마르고 병들어 비실비실 댄다. 그런 목자의 목장에는 양들이 한 마리 한 마리 없어진다. 병들어 죽고, 맹수의 밥이 되어 죽고, 목자가 잡아먹어 죽고, 도둑이 훔쳐가서 양이 계속 줄어든다. 양들은 새끼를 잘 낳지 못할 뿐만 아니라, 낳아도 젖을 제대로 주지 못해 잘 크지 못한다. 그런 목자의 양들은 다른 목장을 기웃거릴 수밖에 없다. 이렇게 양이 목자를 잘못 만나면 양들의 신세가 비참해진다.
　에스겔 34장에 바로 그런 목자들이 나온다. 그들은 양들을 먹이라고 맡겼더니 양들은 먹이지 않고 오히려 잡아먹었다. 그들은 목자가 아니라 양의 탈을 쓴 늑대였다.

> 연약한 자를 강하게 아니하며 병든 자를 고치지 아니하며 상한 자를 싸매 주지 아니하며 쫓기는 자를 돌아오게 하지 아니하며 잃어버린 자를 찾지 아니하고 다만 포악으로 그것들을 다스렸도다 (겔 34:4).

목자가 양들에게 관심이 없으므로 목자가 있으나 마나였다. 그래서 양 떼가 흩어지고 들짐승의 먹이가 되었다 (겔 34:5, 8). 목자를 잘못 만나면 이렇게 된다.

뉴질랜드 같은 곳에서는 대규모로 양을 키운다. 그래서 한두 마리 양이 없어져도 별로 신경쓰지 않는다. 얼마든지 다른 양이 많이 있기 때문이다. 혹시 그 양을 찾아 나선다고 하더라도 그 잃은 양이 불쌍해서가 아니라 재산상의 손실을 막기 위해서다. 이런 목장의 주인은 양들을 치지 않는다. 그들은 목자가 아니라 목장 관리인이다. 양몰이 개가 양을 몰고 다닌다.

'셰퍼드'(shepherd)라는 말은 원래 목자였는데, 지금은 개에게 그런 이름이 붙여 졌다. 왜냐하면, 목자가 하던 일을 개에게 훈련시켜서 개가하고 있기 때문이다. 목장 주인은 양을 앞에서 인도하지 않는다. 뒤에서 카우보이처럼 몰아댄다. 양은 인도를 받는 것이 아니라 쫓겨 다닌다. 이런 모습이 오늘날 뉴질랜드 같은 곳에서 볼 수 있는 목자의 모습이다.

그러나 선한 목자는 양 한 마리 한 마리 개별적으로 다 안다. 양도 목자를 알고 목자도 양을 안다. 점순이, 점박이, 왕눈이, 겁쟁이 등 양의 이름을 부르면서 양들을 쓰다듬어 준다. 양들을 푸른 풀밭으로, 잔잔한 시냇가로 데리고 간다. 양들이 쉴 때도 목자는 쉬지 않고 양들을 돌본다. 부족한 것은 없는지, 양들을 괴롭히는 것은 없는지, 양들의 형편을 부지런히 살핀다.

선한 목자는 항상 양들과 함께 있으며, 앞서서 양들을 인도한다. 어린 양들은 품에 안고 간다. 잃어버린 양이 있으면 그 양을 포기하지 않고 찾는다. 맹수가 몰려오면 목숨을 걸고 양들을 지켜 준다.

예수님이 바로 우리에게 그런 목자이시다. 우리의 목자 되시는 예수님은 우리가 인생의 광야를 지날 때 푸른 풀밭과 잔잔한 시냇가가 있는 오아시스로 인도해 주신다. 우리가 위험한 인생길을 걸어갈 때 우리를 안전한 길로 인도해 주신다. 우리가 사망의 음침한 골짜기를 지날 때 우리와 동행하신다. 이리나 하이에나가 우리를 노리고 있을 때 우리의 목자 되신 예수님께서 우리를 지켜 주신다. 우리의 상처를 치유해 주신다. 그리고 우리의 잔을 넘치도록 채워 주신다. 우리의 목자 되시는 하나님의 선하심과 인자하심이 평생 우리와 함께 하신다. 그리고 우리를 영원한 하늘 본향으로 인도하실 것이다. 그렇기 때문에 우리는 "하나님이 나의 목자시니, 그것으로 충분합니다"라고 고백할 수 있게 될 것이다.

11.
양은 목자만 있으면
Everything is OK!

어느 목사님이 다른 교회로 설교를 하러 가게 되었는데, 그 교회에서 설교 제목을 알려 달라고 전화가 왔다. 그래서 제목을 알려 주었다.

"여호와는 나의 목자시니"(The Lord is my shepherd).

그러자 제목이 어딘가 부족하다 싶었는지 재차 물어왔다.

"그게 다입니까?"

목사님이 이렇게 대답했다.

"그것으로 충분합니다"(That's enough).

설교하러 가서 보니 주보에 설교 제목이 이렇게 실렸다.

"The Lord is my shepherd. That's enough."

"여호와는 나의 목자시니, 그것으로 충분합니다."

그날 설교와 딱 맞아떨어지는 제목이었다.

그렇다. 하나님이 우리의 목자가 되시면 그 이상 우리에게 무엇이 필요하겠는가? 하나님이 우리의 목자가 되신다면, 우리는 그것으로 충분하다.

갓난아이가 자라는 데 필요한 것이 얼마나 많겠는가? 그러나 그 아이에게 정말 필요한 것은 단 하나밖에 없다. 엄마다. 엄마만 있으면 만사가 OK다. 엄마만 있으면 모든 것이 다 해결된다. 다른 것이 더 필요 없다. 엄마만으로 충분하다.

양은 가장 둔하고, 가장 나약하고, 가장 미련하고, 가장 힘이 없는 짐승이다. 아마 스스로의 힘으로 살아갈 수 없는 짐승은 양밖에 없을 것이다. 사람이 돌보아 주지 않으면 절대로 살아갈 수 없는 짐승이 바로 양이다. 양은 사람이 키우지 않았더라면 이 지구상에서 가장 먼저 사라지고 말았을 것이라고 한다. 그렇게 대책이 없는 나약한 짐승이 양이다.

그러나 양은 목자만 있으면 만사 OK다. 다윗이 노래한 것처럼 양은 목자만 있으면 부족함이 없다. 목자가 다 책임져 주기 때문이다. 양들은 '내일은 어디에 가서 꼴을 뜯어 먹지? 어디에 가서 물을 마시지? 사망의 골짜기를 어떻게 지나지? 이리나 하이에나가 나타나면 어떻게 하지? 파리가 코에 알을 까면 어떻게 하지?' 그런 걱정을 하지 않는다. 이런 걱정은 사실, 모두 양이 해야 할 걱정이다. 그러나 양은 그런 것 하나도 걱정하지 않는다. 오히려 걱정은 목자가 한다. 양이 해야 할 걱정을 목자가 다 하는 것이다. 그리고 양의 문제를 목자가 다 해결해 준다.

하나님이 우리의 목자가 되시고 우리가 그의 양이라면, 그것으로 충분하다. 걱정할 것 없다. 염려할 것 없다. 목자가 곁에 있는데, 왜 양이 염려하는가? 정말 우리에게 필요한 것은 목자 되시는 하나님이다.

주일학교 선생님이 아이들에게 시편 23편을 외워오도록 했다. 그리고 그 다음 주일에 시편 23편을 외울 수 있는 사람은 손을 들어보라고 했다. 그러자 다들 자신 있게 손을 번쩍 들었다. 그런데 한 아이가 손을 반쯤 들었다 내렸다 하는 것이었다. 외우긴 외웠는데 자신이 없었던 것이다. 선생님이 그 아이에게 다 못 외워도 좋으니까 아는 데까지 외워보라고 했다. 이 아이가 일어나서 외우기 시작했다.

"The Lord is my shepherd. That is all I want."
(하나님이 나의 목자가 되어 주시는 것, 그것이 내가 원하는 전부입니다.)

원래는 이래야 한다.

"The Lord is my shepherd. I shall not be in want."

그런데 단어들이 서로 섞여 버리고 만 것이다. 비록 이 아이는 시편 23편을 제대로 외우지는 못했어도, 다른 누구보다 시편 23편을 정확히 알고 있었던 것이다.

양은 목자만 있으면 그것으로 충분하다. 목자가 옆에만 있어 주면 양은 모든 것이 다 해결된다. 목자가 다 알아서 필요한 것을 채워 주고(provide), 돌보아 주고(care), 인도해 주고(guide), 보호해 주기(protect) 때문이다. 우리에게 필요한 것은 단 하나다. 우리의 목자이신 예수님이다. 그분만 우리에게 있으면 우리에게 부족함이 없다.

다윗이 "나는 세상에 부러울 것이 없는 왕이므로 나에게는 부족함이 없으리로다"라고 노래했는가?

"나는 최고의 자리와 최고의 권세와 최고의 재물과 가지고 있으므로 나에게 부족함이 없으리로다"라고 그랬는가?

"나의 생명을 지켜 주는 수많은 경호원과 군사가 있으므로 아무 두려움이 없도다"라고 했는가? 아니다.

"여호와는 나의 목자시니 내게 부족함이 없으리로다"라고 고백하고 있다. 그렇다. 하나님께서 우리의 목자가 되실 때만이 우리는 "내게 부족함이 없으리로다"라고 고백할 수 있다.

12.
여호와는 나의 목자이십니다
그러나 …

An "Un-Psalm" 23

by Lynn Anderson

여호와는 나의 목자시니 내게 부족함이 없으리로다

그러나 나는 목자 없는 양과 같습니다. 누구를 따라가야 할지 알 수 없습니다. 그리고 내게는 부족한 것이 너무나 많습니다.

그가 나를 푸른 풀밭에 누이시며 쉴 만한 물가로 인도하시는도다

그러나 나는 텅 비어 있습니다. 아무것도 나를 만족시키는 것이 없습니다. 아무것도 나를 새롭게 해 주지 않습니다. 나는 아무것도 이룬 것이 없습니다. 누구도 나의 안전을 책임져 주지 않습니다. 아무런 쉼도 얻지 못하고 있습니다.

내 영혼을 소생시키시고

나는 잃어버린 양과 같습니다. 그러나 아무도 나를 찾아 주지를 않습니다.

내가 사망의 음침한 골짜기로 다닐지라도 해를 두려워하지 않을 것은

내가 사망의 음침한 골짜기를 다닐 때 아무도 나와 함께 동행해 주는 사람이 없습니다. 나는 평생 두려움과 공포 속에 살아가고 있습니다. 나는 철저히 버림을 받고 혼자입니다.

주의 지팡이와 막대기가 나를 안위하시나이다

나는 지금 잘못된 길로 이끌려가고 있는 것 같이 느껴집니다. 나에게 참된 위로를 주는 것은 아무것도 없습니다.

원수의 목전에서 내게 상을 차려 주시고

아무도 나를 환영해 주지 않는 세상에 살고 있는 것 같습니다. 수많은 원수가 나를 둘러 진을 치고 있습니다.

기름을 내 머리에 부으셨으니 내 잔이 넘치나이다

나는 여리고로 내려가는 길에 강도 만나 거의 죽게 된 사람처럼 되었지만, 어느 누구도 나에게 다가와서 상처에 기름을 발라 주고 여관으로 데려다 주는 사람이 없습니다. 나의 기쁨의 잔은 바닥이 났습니다. 나의 뼈가 바싹 말랐습니다.

선하심과 인자하심이 반드시 나를 따르리니

나는 살아오면서 좋은 날이 별로 없었습니다. 주님의 선하심과 인자하심은 나를 항상 비껴갔던 것 같습니다. 아마 앞으로도 그러하겠지요.

내가 여호와의 집에 영원히 살리로다

나는 누군가에게 속해 있기를 얼마나 원하는지 모릅니다. 그러나 어디에도 속해 있지 않습니다. 아마 나는 영원히 외로움과 고독 속에서 살아가게 될 것 같습니다.

지금 부족한 것이 하나도 없기 때문에, 지금 광야에 있지 않고 푸른 풀밭에 있기 때문에, 지금 오아시스에 있기 때문에, 지금 우리가 위험한 길이 아니라 의의 길(안전한 길)로 가고 있기 때문에, 지금 사망의 음침한 골짜기가 아니라 시온의 대로를 달려가고 있기 때문에, 지금 원수가 내 앞에서 다 도망가고 망했기 때문에, 지금 아프지 않고 상처가 없고 건강하기 때문에, 지금 우리의 인생의 잔이 차고도 넘치기 때문에, 그래서 "내게 부족함이 없으리로다"라고 노래하는 사람은 많지 않을 것이다.

하나님이 우리의 목자가 되신다고 해서 우리가 항상 푸른 풀밭과 잔잔한 시냇가에 있는 것은 아니다. 하나님이 우리의 목자가 되신다고 해도 때로는 길을 잃고, 위험한 길에 접어들 때도 있다. 하나님이 우리의 목자가 되신다고 해도 때로 사망의 음침한 골짜기를 지날 때도 있다. 하나님이 우리의 목자가 되신다고 해도 이리가 문 앞에서 우리를 노리고 있다. 이것이 현실이다.

그러나 내가 지금은 길을 잃고 헤매고 있지만, 우리의 목자 되시는 하나님께서 곧 나를 찾아오실 것이고, 나를 품에 안거나 어깨에 얹고 집으로 데려가실 것이다.

내가 지금은 사망의 음침한 골짜기를 지나고 있지만, 목자 되시는 하나님께서 이 골짜기를 무사히 통과해서 푸른 풀밭과 잔잔한 시냇가에 이르게 하실 것이다.

내가 지금은 원수 앞에서 부끄러움을 당하고 괴롭힘을 당하고 있지만, 우리의 목자 되시는 하나님께서 원수 앞에서 보란 듯이 우리에게 잔치를 베풀어 주실 날이 올 것이다.

내가 지금은 상처로 인해 고통을 당하고 있지만, 목자 되시는 하나님께서 우리의 상처를 감싸주시고 성령의 기름을 부어 치유해 주실 것이다.

내 잔이 지금은 점점 비어가고 있지만, 내 창고가 점점 비어가고 있지만, 목자 되시는 하나님께서 다시 채워 주실 것이다.

내가 지금은 나그네처럼 살아가고 있지만, 언젠가는 여호와의 품에서 영원한 안식과 평안과 쉼을 얻게 될 것이다.

그렇기 때문에 "여호와는 나의 목자시니 내게 부족함이 없으리로다"라고 고백할 수 있는 것이다.

제3부

그가 나를 푸른 풀밭에 누이시며
쉴 만한 물가로 인도하시는도다

13.
목자들이 평생 돌아다니며 사는 것은 양들 때문이다

　유대 광야에 사는 양들에게 1년 중 2, 3월은 가장 행복할 때다. 11월부터 내리기 시작한 비가 2월 말쯤 되면서 그치고 봄이 시작된다. 그러면 유대 광야에도 꽃이 핀다. 광야지만 풀로 덮인다. 초원처럼 변한다. 이때는 양들이 꼴을 찾아서 멀리 갈 필요가 없다. 맛있고 신선한 풋풋한 꼴들이 천지 사방에 있다. 목자도 이 시즌이 제일 행복할 때이다.

　4월로 접어들면서 광야에 자라던 풀들도 다 말라 버린다. 점점 먹을 것이 없어져 간다. 시간이 흐를수록 꼴을 찾아서 더 멀리 가야 한다.

　5월이 지나고 6월 정도가 되면 주변에 먹을 것이 없기 때문에 목자는 짐을 꾸려 양들을 데리고 네다섯 달 동안 집을 멀리 떠나 풀이 있는 곳을 찾아다닌다. 날씨는 점점 뜨거워지고, 풀은 점점 말라 간다. 이때는 목자도 힘들고 양도 힘들다. 하루 종일 풀을 찾아 움직이다가 밤이 되면 아무 데서나 야영을 해야 한다. 목자는 여름 내내 하늘을 이불 삼고 땅을 베개 삼아 밤이슬을 맞으면서 자야 한다. 이것이 목자의 삶이다.

목자들은 봄에는 고산 지대에 머물러 있다가 여름이 되면 평원 지대로 내려온다. 봄에 평지로 내려오지 못하는 것은, 아직 밀과 보리 추수가 끝나지 않았기 때문이다. 만일 양들이 밀밭을 지나게 된다면 미친 듯이 달려들어 다 먹어치우고 말 것이다. 그렇게 되면 농작물 피해에 대해 고스란히 배상을 해야 한다.

이스라엘이 가나안에 들어가기 위해 에돔 지역을 지나야 했을 때 모세가 정중하게 에돔 왕에게 이렇게 부탁을 한다.

> 청하건대 우리에게 당신의 땅을 지나가게 하소서 우리가 밭으로나 포도원으로 지나가지 아니하고 우물물도 마시지 아니하고 왕의 큰길로만 지나가고 당신의 지경에서 나가기까지 왼쪽으로나 오른쪽으로나 치우치지 아니하리이다(민 20:17).

밭으로나 포도원으로 지나가지 않겠다고 한 이유가 무엇일까?

이스라엘 백성은 수많은 양 떼를 거느리며 가고 있었다. 그 양 떼가 밭이 있는 곳이나 포도원이 있는 곳으로 지나게 되면 농작물을 다 먹어 치울 것이다. 물이 있는 곳으로 지나가게 되면 그 물을 다 마셔 버리고 말 것이다. 그래서 큰길로만 지나가겠다고 약속했던 것이다. 그리고 만일의 경우에 양들이 어떤 피해를 입히면 다 배상하겠노라고 약속했다.

> 우리가 큰길로만 지나가겠고 우리나 우리 짐승이 당신의 물을 마시면 그 값을 낼 것이라(민 20:19).

종종 양 떼가 남의 밭에 들어가 농작물을 망쳐 놓는 경우도 있었다. 그래서 율법은 그런 경우에 어떻게 배상해야 하는지를 자세히 규정하고 있다. 양들이 남의 밭에 들어가서 농작물을 뜯어 먹었는데, 주인이 없다고 하자. 그냥 갈 수도 있다. 실제로 이런 일들이 종종 있었을 것이다. 그래서 목자들은 허가받은 강도라는 말이 생겼다. 유대인은 목자를 법정에 증인으로 서지 못하게 했는데, 바로 이런 이유에서였다.

목자들은 보리와 밀 추수가 끝난 다음에야 고산 지대에서 평지로 내려온다. 이때는 산에 더 이상 양들에게 먹일 풀이 없다. 그러나 다행히도 평지로 내려오면 먹일 것이 많다. 추수가 끝난 다음이라서 양들이 좋아하는 보리와 밀의 밑동이 남아 있기 때문이다.

그렇다고 아무 밭에나 들어가서 먹게 할 수는 없었다. 밭 주인은 목자와 거래를 한다. 밀과 보리의 밑동을 양들에게 먹게 하는 대신에 목자에게 일을 시킨다. 대개 밭에는 돌무화과나무를 많이 심었는데, 돌무화과나무에 맺힌 열매들은 일일이 바늘로 작은 구멍을 내고 거기에 올리브기름을 부어 줘야 맛있게 익는다. 그렇지 않으면 맛이 없어서 먹을 수가 없다. 바로 이런 일을 목자에게 시켰다. 목자는 자기 양들이 맛있게 꿀을 먹고 있는 동안에 무화과나무에 올라가서 열매 하나하나에 작은 구멍을 내고 올리브기름을 붓는 일을 해야 했다. 아모스가 예언자로 부름을 받기 전에 했던 일이 바로 이런 일이었다.

> 나는 예언자도 아니고, 예언자의 제자도 아니오. 나는 집짐승을 먹이며, 돌무화과를 가꾸는 사람이오(암 7:14, 새번역).

야곱이 요셉에게 형들의 안부를 알아보고 오도록 형들이 있는 곳으로 요셉을 보냈다.

> 이스라엘이 요셉에게 이르되 네 형들이 세겜에서 양을 치지 아니하느냐 너를 그들에게로 보내리라 요셉이 아버지에게 대답하되 내가 그리하겠나이다 이스라엘이 그에게 이르되 가서 네 형들과 양 떼가 다 잘 있는지를 보고 돌아와 내게 말하라 하고 그를 헤브론 골짜기에서 보내니 그가 세겜으로 가니라(창 37:13-14).

요셉의 형들이 왜 세겜에 올라가 있었는가? 양을 치기 위해서다. 그들은 헤브론에서 살고 있었지만, 양들을 먹이기 위해 세겜까지 올라가 있었던 것이다. 헤브론은 남쪽에 위치하고 있어 풀이 일찍 말라 버린다. 그래서 요셉의 형제들은 풀이 있는 곳을 찾아서 계속 북쪽으로 북쪽으로 올라갔던 것이다. 이들이 집을 떠난 지 꽤 오랜 시간이 지났다. 그래서 아버지가 그들의 안부를 알아보기 위해 요셉을 보냈던 것이다. 성경에는 그때가 언제쯤인가에 대해서는 언급되어 있지 않으나, 조금만 관심을 기울이면 우리는 요셉이 이집트로 팔려갔던 때가 언제인지 알 수 있다. 여기 그 대답을 찾을 수 있는 실마리가 하나 있다. 요셉이 던져졌던 구덩이에 대해 성경은 이렇게 알려 주고 있다.

> 그를 잡아 구덩이에 던지니 그 구덩이는 빈 것이라 그 속에 물이 없었더라 (창 37:24).

이스라엘은 물이 귀하다. 샘이 거의 없다. 지반이 석회암 지대로 이루어져 있어서 물이 땅속으로 스며들지 않고 모두 흘러가 버리고 말기 때문이다. 그래서 웅덩이를 파서 물을 모아 놓아야 했다. 이스라엘은 11월부터 2월까지가 우기다. 3월부터 10월까지는 비 한 방울 내리지 않는다. 그래서 겨울에 내린 비를 모아 여름에 사용하기 위해 웅덩이를 파는 것이다. 봄에는 웅덩이에 물이 가득하다. 그러나 시간이 흐르면서 점점 웅덩이의 물이 줄어든다. 그러다가 9-10월쯤 되면 거의 말라 버린다. 요셉이 형들을 만나러 갔다가 웅덩이에 던져져 이집트에 노예로 팔려간 것은 바로 9-10월 경이었던 것이다.

요셉이 늦여름이 아니라 4-5월경에 이런 일을 당했다면 어떻게 되었을까? 그는 웅덩이에 던져지자마자 물에 빠져 죽고 말았을 것이다. 하나님의 기가 막힌 타이밍을 볼 수 있다.

요셉의 형제들은 5-6월경에 집을 떠나서 10월경에 돌아왔을 것이다. 이것이 모든 목자의 생활 방식이다. 요르단의 와디 럼 광야(EBS에서 제작한 〈세계테마기행〉, "중동의 붉은 꽃 요르단 1부-신의 사막" 다큐멘터리를 참조하라)에 있는 베두인 장막에서 머문 적이 있는데, 그 베두인은 그곳으로 이사 온 지 2주가 되었는데, 양들에게 먹일 풀이 없어지면 또 이동할 것이라고 했다. 이렇게 목자들은 예전이나 지금이나 양들에게 먹일 풀을 찾아서 평생을 떠돌이처럼 살아가고 있다.

　베두인은 이집트, 요르단, 사우디아라비아 그리고 팔레스타인에 많이 살고 있는데, 이들은 국경 개념 없이 양들을 치면서 살아가고 있다. 물론, 그들에게도 국적은 있다. 그러나 아무런 제재 없이 국경을 넘나들 수 있다. 사우디아라비아에서 시리아까지 옮겨 다니면서 양을 치는 베두인도 있다. 야곱은 자기 가족들이 이집트에 내려온 이유를 이렇게 밝혔다.

집을 떠나 양을 치는 목자들이 밤중에 양을 치며 별을 보고 있다

… 가나안 땅에 기근이 심하여 종들의 양 떼를 칠 곳이 없기로 종들이 이곳에 거류하고자 왔사오니 원하건대 종들로 고센 땅에 살게 하소서(창 47:4).

목자들은 자기 양들을 위해, 양들에게 좋은 꼴을 먹여 주기 위해 평생을 옮겨 다니면서 산다. 그래서 집도 짓지 못하고 장막을 치고 사는 것이다. 이렇게 목자들은 양에 맞추어서 살아간다. 양들을 위해 희생하는 것이다. 이것이 목자들의 삶이다.

시리아의 한 베두인이 이렇게 말했다.

"양이 배부르면 우리도 배가 부릅니다. 양이 배고프면 우리도 먹지 않습니다. 양이 배부르면 우리는 행복합니다"(EBS 〈세계테마기행〉, "시리아 2부-광야의 자유인, 베두인").

이것이 목자의 심정이다. 시편 23편 2절에서 "푸른 풀밭에 누이시며"라고 했는데, 양들은 배가 부르지 않으면 절대로 눕지 않는다. 양들이 푸른 풀밭에 누워 있다는 것은 양들이 다 배부르다는 증거다. 그렇기 때문에 목자들은 자기 양들이 누워 있는 모습을 바라볼 때가 가장 행복하다.

14.
시편 23편에는 "푸른 풀밭"이 없다

시편 23편을 그리라면 누구나 푸른 풀밭을 그릴 것이다. 우리가 시편 23편을 좋아하는 이유도 "푸른 풀밭"과 "쉴 만한 물가" 이 두 단어 때문일 것이다. "푸른 풀밭"이라는 단어가 시편 23편의 키워드 역할을 하고 있다.

시편 23편의 "푸른 풀밭"은 히브리어로 '데쉐르'(deshe)이다. 이 단어는 다음 구절들에서는 '연한 풀', '새 풀', '새로 돋아난 움' 등으로 번역되었다.

> 내 교훈은 비처럼 내리고 내 말은 이슬처럼 맺히나니 연한 풀 위의 가는 비 같고 채소 위의 단비 같도다(신 32:2).

> 그는 돋는 해의 아침 빛 같고 구름 없는 아침 같고 비 내린 후의 광선으로 땅에서 움이 돋는 새 풀 같으니라 하시도다(삼하 23:4).

풀을 벤 후에는 새로 움이 돋나니 산에서 꼴을 거둘 것이니라(잠 27:25).

'데쉐르'(deshe)를 푸른 풀밭으로 번역한 곳은 시편 23편뿐이다. 이 단어에는 '푸른'이라는 뜻은 내포되어 있지 않다.

다음 구절에 나오는 "푸른 나물"은 히브리어로 '야라크 데쉐르'(yaraq deshe)로서 이 구절이야말로 "푸른 풀밭"으로 번역할 수 있다. 왜냐하면, '야라크'(yaraq)는 '푸른'의 의미를 가지고 있기 때문이다.

그러므로 그 주민들이 힘이 약하여 놀라며 수치를 당하여 들의 풀 같이, 푸른 나물같이, 지붕의 풀같이, 자라지 못한 곡초같이 되었느니라(사 37:27; 참조. 왕하 19:26).

시편 23편에는 대관령이나 뉴질랜드 같은 곳에서 볼 수 있는 드넓은 푸른 풀밭은 없다. 시편 23편의 양들은 넓은 초원에서 푸른 풀들을 뜯어 먹는 것이 아니라 고산 지대나 광야에서 이제 막 움이 돋은 여린 풀들을 뜯어 먹는다. 아마도 그 풀은 지난 밤 내린 이슬을 먹고 싹튼 풀일 것이다. 광야에서는 풀이 비를 맞고 자라는 것이 아니라 이슬을 맞고 자라기 때문이다.

오래된 풀은 질기고 잘 씹히지도 않고 맛도 별로 없다. 그러나 어제나 그저께 나온 풀은 연하고 부드럽고 맛이 있다. 그리고 소화도 잘 된다. 좋은 목자는 그런 풀이 있는 곳을 찾아가서 양들에게 꼴을 먹인다.

이스라엘 백성은 광야 생활 40년 동안 매일 그날그날 내려 주시는 만나를 안식일 외에는 한 번도 하루 이상 묵은 만나를 먹어본 적이 없다. 하루만 지나면 썩기 때문이다. 그래서 매일 아침 만나를 거두는 수고를 해야만 했는데, 그 대신 매일 신선한 만나를 먹을 수 있었다.

주기도문을 통해서 구하는 '일용할 양식'은 단지 하루치 양식만을 의미하는 것이 아니다. 엄마가 아이에게 빵집에 가서 빵을 사오라고 심부름을 시킨다. 그때 이렇게 말한다.

"빵집에 가면 어제 팔다 남은 빵도 있을 거야. 아마 50퍼센트 할인해 주겠지. 그러나 그 빵은 딱딱하게 굳어서 맛이 없을 거야. 그러니 싸다고 그 빵 사오지 말고, 오늘 아침 새로 구운 빵을 달라고 하거라."

이런 빵이 예수님이 말씀하신 '일용할 양식'이다. 우리의 좋은 목자이신 하나님은 우리에게 매일매일 천국 오븐에서 막 구워낸 따끈따끈하고 신선한 빵을 주기를 원하신다.

15.
묵상은 양처럼 하루 종일 되새김질을 하는 것이다

 양은 아침 일찍 푸른 풀밭에서 풀을 뜯어 먹고 배가 부르면 풀밭에 눕는다. 더 정확하게 표현하면 앉는다. 이렇게 누워서는 하루 종일 되새김질을 한다. 먹은 것을 첫 번째 위로 내려 보낸다. 그것을 다시 입으로 뱉어내서 씹은 다음 두 번째 위로 보낸다. 그랬다가 다시 입으로 뱉어내서 씹은 다음 세 번째 위로 보낸다. 그리고 또다시 입으로 뱉어내서 씹은 다음 마지막 네 번째 위로 보낸다.
 이렇게 양들은 한 번 먹고 하루 종일 되새김질을 하면서 천천히 소화를 시킨다. 한 번에 꿀꺽 삼켜 버리고 마는 것이 아니라 씹고, 씹고, 또 씹는다. 완전히 소화가 되어서 살이 되고 피가 될 때까지 계속 되풀이해서 씹는다.
 양은 하루 종일 풀을 뜯어 먹는 것이 아니라 아침 나절 먹은 풀을 하루 종일 되새김질한다. 이것이 바로 묵상이다. 묵상과 되새김질은 같은 말이다. 묵상은 되새김질이다. 하나님 말씀을 그냥 꿀꺽 삼켜 버리고 마는 것이 아니라, 하루 종일 그 말씀을 되씹는 것이다. 완전히 소화가 되어서 우리 영혼에 피가 되고 살이 될 때까지, 그 말씀이 우리의 영혼 깊숙한 곳에 내려갈 때까지 되새김질하는 것이다.

> 복 있는 사람은 … 오직 여호와의 율법을 즐거워하여 그 율법을 주야로 묵상하는도다(시 1:1-2).

> 이 율법책을 네 입에서 떠나지 말게 하며 주야로 그것을 묵상하여 그 안에 기록된 대로 다 지켜 행하라 그리하면 네 길이 평탄하게 될 것이며 네가 형통하리라(수 1:8).

양은 아침에 먹은 것을 하루 종일 되새김질한다. 우리처럼 잠깐 시간을 내서 묵상하거나 시간이 날 때 묵상하지 않는다. 그야말로 하루 종일, 주야로 묵상한다.

내가 아는 어떤 분은 총각무를 먹다가 급하게 먹느라고 제대로 씹지도 않고 넘기다가 목에 걸려 혼난 적이 있다고 한다. 우리도 하나님의 말씀을 이렇게 먹고 있지는 않는가?

양들이 되새김질을 하지 않고 하루 종일 계속 먹기만 한다면 먹은 것이 목까지 올라와 숨도 제대로 못 쉬고 죽고 말 것이다. 많이 먹는 것이 중요한 것이 아니다. 잘 소화를 시켜야 한다. 지금은 하나님의 말씀을 듣지 못해서 기갈 상태에 있는 것이 아니다. 너무 많이 먹어서 영적 비만 상태에 빠져 있다. 우리는 양에게서 배워야 한다. 묵상하는 법을. 양도 묵상하는데, 우리가 하나님의 말씀을 묵상하지 않는다는 것은 부끄러운 일이 아닌가? 설교를 많이 듣는 것도 좋고 성경을 통째로 먹는 통독도 좋지만, 묵상을 빼놓아서는 안 된다. 먹기만 하고 묵상하지 않는 양은 반드시 영적 소화불량에 걸리게 되어 있다. 건강하려면 묵상을 잘 해야 한다.

엘리야가 호렙산에서 하나님을 기다릴 때에 통성기도를 하거나 부르짖어 기도하지 않았다. 그냥 가만히 앉아서 하나님을 기다렸다. 그때 세미한 하나님의 음성을 듣지 않았는가? 하나님이 내게 들려주시는 세미한 음성은 묵상을 통해서, 침묵을 통해서, 기다림을 통해서, 하나님 앞에 오래 앉아 있음을 통해서만 들을 수 있다. 묵상할 때 하나님이 성경 말씀의 행간 사이에서 속삭이는 음성을 들을 수 있다.

성경에 쓰여 있는 글자들은 움직이지 않는다. 가만히 있다. 그런데 이 글자들이 어느 순간 에스겔 골짜기의 마른 뼈들처럼 살아날 때가 있다. 성령 안에서 묵상할 때, 성령께서 이 말씀 가운데 생기를 불어넣어 주실 때, 이 말씀들이 에스겔 골짜기의 뼈들처럼 벌떡벌떡 일어난다. 살아서 움직인다. 이 말씀들이 부활하게 된다. 이 말씀들이 살아나서 성경에서 걸어 나오게 된다. 우리를 향해 진격해 온다. 묵상의 과정을 통해서만 이렇게 하나님의 말씀이 책 속에서 걸어 나오는 경험을 할 수 있게 된다. 묵상을 통해서만 하나님의 말씀이 우리 안에서 살아 움직이게 된다. 우리 안에서 부활하게 된다.

16.
양들은 아침 이슬을 먹고 산다

　양들은 광야에 산다고 했는데, 그러면 어떻게 어디에서 물을 마실까? 양들은 수분 섭취를 많이 하지 않아도 살아가는데 그렇게 큰 문제가 없다고 한다. 그래서 광야에서 살 수 있는 것이다.

　양들은 광야에서 어떻게 필요한 물을 공급받을까? 광야는 낮과 밤의 온도 차가 크기 때문에 많은 이슬이 내린다. 양들은 바로 이 이슬을 먹고산다. 양들은 아침 이슬만 먹고도 충분히 하루를 지낼 수 있다. 그래서 목자는 양들에게 바로 이 이슬을 마시게 하기 위하여 아침 일찍 양들을 데리고 나간다.

　또 광야에는 매일 밤새 내리는 이슬 때문에 풀들이 자란다. 양들은 바로 이 풀을 뜯어 먹고산다. 이슬이 내리기 때문에 양들이 광야에서 살아갈 수 있는 것이다. 이렇게 이슬은 양들에게 생명줄이나 마찬가지다.

　이스라엘은 4월부터 시작해서 10월까지 과실수가 자라는 동안에 비 한 방울 내리지 않는다. 그런데도 이스라엘에서 나는 과일은 달기로 유명하다. 당도가 엄청 높다. 이스라엘의 포도가 세계적으로 유명하지 않는가?

비 한 방울 내리지 않는데 어떻게 그렇게 맛있는 열매들이 맺히는 것일까? 바로 이슬 때문이다. 이슬 먹고 나무가 자라고 열매를 맺는 것이다. 이스라엘은 여름에 이슬이 많이 내린다. 기드온의 이야기에도 이슬이 등장한다.

"하나님, 하나님께서 저를 부르셨다면 저에게 증거를 보여 주십시오. 오늘 밤에 제가 밖에다 양털을 한 뭉치 놓아두겠습니다. 그 양털에만 이슬이 내리게 해주십시오. 그러면 하나님이 저와 함께하신다는 징조로 받아들이겠습니다."

다음 날 아침 일찍이 일어나보니까 양털에만 이슬이 흠뻑 내리고 그 주변에는 이슬이 한 방울도 맺히지 않았다. 양털을 짜보니 물이 한 대야는 나왔다. 그러나 기드온은 그것으로 만족하지 않았다.

"하나님, 이번에는 반대로 양털에만 이슬이 내리지 않게 해 주십시오."

다음 날 아침에 일어나 보니 이번에는 양털에 이슬 한 방울 내리지 않았는데, 주변은 이슬로 흠뻑 젖어 있었다. 이 이야기는 이스라엘에 이슬이 많이 내린다는 사실을 잘 보여 준다.

성경에서 비와 이슬은 축복의 상징으로 나타난다. 이삭은 아들 야곱에게 이렇게 축복한다.

> 하나님은 하늘의 이슬과 땅의 기름짐이며 풍성한 곡식과 포도주를 네게 주시기를 원하노라(창 27:28).

반면 에서에게는 이렇게 예언한다.

> 네 주소는 땅의 기름짐에서 멀고 내리는 하늘 이슬에서 멀 것이며(창 27:39).

한편 이스라엘을 벌하실 때는 비만 내려 주시지 않은 것이 아니라 이슬도 내려 주지 않으셨다.

> 길보아 산들아 너희 위에 이슬과 비가 내리지 아니하며 제물 낼 밭도 없을지어다 (삼하 1:21).

> 길르앗에 우거하는 자 중에 디셉 사람 엘리야가 아합에게 말하되 내가 섬기는 이스라엘의 하나님 여호와께서 살아 계심을 두고 맹세하노니 내 말이 없으면 수 년 동안 비도 이슬도 있지 아니하리라 하니라(왕상 17:1).

보통 우리는 "비와 이슬"이라고 표현한다. 그런데 사무엘하 1장 21절에서는 "이슬과 비"를 내려 주지 않을 것이라고 되어 있다. 이슬이 비보다 먼저 언급되어 있다.

열왕기상 17장 1절에도 우리 성경은 "비도 이슬도" 내려 주지 않을 것이라고 되어 있지만, 히브리어로 보면 "이슬도 비도" 내려 주지 않을 것이라고 되어 있다. 이슬이 먼저 나오고 비는 뒤에 나온다. 이스라엘 사람들에게는 비 못지않게 이슬이 중요했음을 잘 보여 준다.

그러면 하나님이 징벌을 내리실 때 이슬과 비를 모두 내려 주지 않으시겠다고 한 이유는 무엇일까? 비만 내려 주지 않으시면 겨울철과 봄철에 짓는 곡식 농사만 망한다. 그러나 여름 농사(과일)에는 별로 지장이 없다. 여름 농사는 비가 아니라 이슬로 짓기 때문이다. 이슬과 비를 모두 내려 주지 않으시겠다는 말씀은 곡식 농사와 과일 농사 모두 망하게 하시겠다는 의미다.

부흥회 같은 때에 장맛비같이 쏟아 부어 주시는 은혜를 받는 것도 중요하다. 큰 비가 내려야 나무나 식물들이 부쩍부쩍 자란다. 그러나 한두 번 큰 비가 내렸다고 해서 그것으로 다 되는 것은 아니다. 산천초목이 비가 내리지 않는 계절에도 푸르른 것은 이슬 때문이다. 매일매일 내리는 이슬을 먹고 사는 것이다. 우리 인생도 마찬가지다. 매일매일 베풀어 주시는 하나님의 이슬 같은 은혜로 살아가는 것이다. 매일 아침 묵상을 통해서, 새벽 기도를 통해서, 주일마다 주시는 말씀을 통해서 하나님은 이슬 같은 은혜를 우리에게 매일 내려 주신다. 그 은혜의 이슬을 먹고 우리 영혼이 사는 것이다.

이슬은 밤에만 내린다. 우리가 인생의 어두운 밤을 지날 때도 하나님은 우리에게 은혜를 베푸신다. 이슬 같은 은혜를 말이다. 그렇기 때문에 우리가 인생의 캄캄한 밤을 잘 통과할 수 있는 것이다.

이슬은 아무도 모르는 사이에 내린다. 하나님의 은혜와 축복도 마찬가지다. 장맛비처럼 세상 사람들이 다 알게 임하는 은혜와 축복도 있고, 이슬처럼 아무도 모르게 임하는 하나님의 은혜와 축복이 있다.

비는 요란하게 내린다. 그러나 이슬은 소리 없이 내린다. 고요한 밤 아무도 보지 않는 은밀한 중에 내린다. 하나님의 은혜도 이슬과 같아서 우리도 모르는 사이 살며시 임한다.

이슬은 매일 내린다. 일 년에 한두 번 내리고 마는 것이 아니다. 하나님의 은혜도 이와 같다. 1년 365일 매일같이 은혜를 내려 주신다. 변함없이 은혜를 내려 주신다.

이슬이 내릴 때는 모르지만, 아침에 보면 이슬이 흠뻑 내린 것을 알 수 있다. 하나님의 은혜와 축복도 마찬가지다. 하나님의 은혜와 축복이 임할 때 우리가 모를 때가 많다. 그러다가 나중에 가서야 깨닫게 될 때가 많다. 우리가 어려움을 당하고 고난을 당할 때는 하나님의 은혜를 느끼지 못한다. 그러나 어두운 밤이 지나고 인생의 새 아침이 밝아 오면 우리가 이슬처럼 내려 주신 하나님의 은혜로 흠뻑 젖어 있는 것을 발견할 수 있다.

장맛비같이 내리는 은혜만 구하지 말고, 이슬비같이 내리는 은혜를 소중히 여기라. 밤이슬에 옷 젖는 줄 모르는 것처럼, 이슬처럼 내리는 은혜도 매일 받다 보면 온몸이 은혜 속에 젖게 된다.

내가 이스라엘에게 이슬과 같으리니 저가 백합화같이 피겠고 레바논 백향목같이 뿌리가 박힐 것이라 그의 가지는 퍼지며 그의 아름다움은 감람나무와 같고 그의 향기는 레바논 백향목 같으리니 … 그들은 곡식같이 풍성할 것이며 포도나무같이 꽃이 필 것이며 그 향기는 레바논의 포도주같이 되리라(호 14:5-7).

17.
양들이 물을 두려워하기 때문에 잔잔한 물가로 데려가는 것일까?

"쉴 만한 물가로 인도하시는도다."

시편 23편을 노래로 만든 성가들을 보면 이 부분의 가사들이 한결같이 "잔잔한 물가로 인도하시는도다"로 되어 있다. 시적인 언어로서 "쉴 만한 물가"보다는 "잔잔한 물가"가 더 좋아서 그렇게 한 것일까? 아니면 원문에 그렇게 되어 있기 때문일까?

영어 성경에도 예외 없이 still water나 quiet water로 옮겨져 있다. 그러나 우리 성경에서는 모두 "쉴 만한 물가"로 옮겼다.

"쉴 만한 물가"와 "잔잔한 물가"는 같은 것이 아니냐고 반문할 수도 있다. 그러나 뉘앙스가 다르다. 쉴 만한 물가는 쉼이 강조된다. 그러나 잔잔한 물가는 조용함이 강조된다.

양들은 흐르는 물을 좋아하지 않는다고 한다. 왜 그럴까? 양은 물에 들어가면 털이 젖어 무거워진다. 그렇게 되면 물에 뜨지 못하고 가라앉게 된다. 그래서 흐르는 물을 싫어하는 것일 수도 있다. 이렇게 양은 흐르는 물을 싫어하기 때문에 목자는 양들을 "잔잔한 물가"로 데려간다고 설명하는 사람들이 있다. 틀린 이야기는 아니다. 양들은 물소리가 크게 들리는 곳보다는 조용한 물가를 더 좋아한다. 그러나 양들은 흐르는 물가에서도 물을 마신다. 물소리가 크게 들려도 개의치 않을 때도 많다. 즉, 양들은 흐르는 물가에서는 마시지 않기 때문에 잔잔한 물가로 데리고 가야 한다는 것은 사실이 아니다.

히브리어에는 "메누하(menucha)의 물가"로 되어 있는데 메누하는 쉼터, 쉼, 휴식의 뜻이 담겨 있다. 그러나 메누하는 쉼, 휴식 그 이상의 의미다. 평온, 행복, 고요, 안식, 휴식, 조화, 샬롬의 뜻을 다 포함한다.

메누하가 있는 물가에 가면 평안을 얻을 수 있다. 그곳에 가면 안식을 누릴 수 있다. 그곳에 가면 쉼을 얻을 수 있다. 그곳에 가면 행복하다. 그곳에 가면 걱정, 근심, 염려가 다 사라진다. 그곳에 가면 조금도 두렵지 않다. 그곳에 가면 평온, 행복, 고요, 안식, 휴식, 조화, 샬롬을 맛볼 수 있다.

그곳은 우리의 몸과 마음과 영혼이 참된 쉼과 안식과 평안을 얻을 수 있는 모든 조건이 완비되어 있는 곳이다. 그곳에 가면 우리의 몸과 마음과 영혼이 상쾌함(refresh)을 얻는다. 마치 천국에 온 것처럼 느껴지는 곳이 메누하가 있는 물가다. 이런 의미가 담긴 메누하를 단순히 "잔잔한"으로 옮기는 것은 원래의 의미를 크게 손상시키는 것이다.

목자는 양을 이런 메누하를 얻을 수 있는 물가로 인도한다고 했는데, 오늘날 우리가 어디에서 그런 안식과 쉼과 평안과 휴식을 얻을 수 있을까? 바로 예수님의 품이다.

> 수고하고 무거운 짐진 자들아 다 내게로 오라 내가 너희를 쉬게 하리라 나는 마음이 온유하고 겸손하니 나의 멍에를 메고 내게 배우라 그리하면 너희 마음이 쉼을 얻으리니 (마 11:28-29).

평안을 너희에게 끼치노니 곧 나의 평안을 너희에게 주노라 내가 너희에게 주는 것은 세상이 주는 것과 같지 아니하니라 너희는 마음에 근심하지도 말고 두려워하지도 말라(요 14:27).

세상 그 어디에서도 우리는 진정한 안식을 얻을 수 없다. 예수님의 품에 안길 때만 진정한 쉼과 안식과 평안을 누릴 수 있다. 예수님의 십자가 그늘 아래에서만 죄의 짐을 내려놓고 참된 쉼과 안식과 평안을 누릴 수 있다. 예수님을 믿고 의지할 때만 걱정과 근심과 염려의 짐을 내려놓고 참된 쉼과 안식과 평안을 누릴 수 있다. 예수님께 나아와 모든 무거운 짐을 내려놓을 때만 참된 쉼과 안식을 누릴 수 있다. 예수님께 나아가 예수님의 온유와 겸손을 배울 때만 참된 쉼과 안식을 누릴 수 있다. 예수님을 전적으로 신뢰할 때만 참된 쉼과 안식을 누릴 수 있다. 예수님과 평화를 누릴 때만 참된 쉼과 안식을 누릴 수 있다.

18.
목자는 광야에서 어떻게 양들에게 물을 먹일까?

목자들은 물에 대한 관심이 지대하다. 유능한 목자는 어디에 가면 물이 있는지, 어디를 파면 물이 나오는지, 물을 어떻게 관리해야 하는지 그리고 물을 어떻게 지켜야 하는지 잘 아는 사람이다. 유능한 목자는 다른 목자들이 알지 못하는 샘을 알고 있는 목자다. 그런 샘들을 부지런히 찾아다니는 목자다. 그런 목자의 양들만이 "그가 나를 푸른 풀밭과 쉴 만한 물 가로 인도하시는도다"라고 고백하게 된다.

광야에도 많은 웅덩이(우물, 샘)가 있다. 사우디아라비아 반도에는 700개 이상의 우물이 있다. 어떤 것은 10만에서 100만 갤런의 물을 저장하고 있다. 이 때문에 광야에서 양을 칠 수 있는 것이다.

성경에도 웅덩이 이야기가 많이 나온다. 이스라엘은 지반이 석회암으로 형성되어 비가 와도 다 흘러가 버리고 만다. 그래서 샘이 별로 없다. 샘이 있는 마을은 샘골(*ein*, 에인)이라는 이름이 붙을 정도로 샘이 귀하다. 그래서 이스라엘 사람들은 웅덩이를 많이 팠다. 고대 성읍들을 방문해 보면 예외 없이 거대한 물웅덩이가 있는데 바로 이런 이유에서다.

웅덩이에 관한 이야기 가운데 가장 유명한 것은 요셉이 던져졌던 웅덩이일 것이다. 이 웅덩이는 도단 들판에 있었는데, 식수보다는 농업 용수로 사용하기 위해 판 것으로 보인다. 물론 양에게 먹일 수도 있었다. 요셉이 그 웅덩이에 던져졌을 때 물이 없었다고 했다. 여름 내내 물을 퍼 써서 말라 버렸던 것이다.

요르단에는 지금도 많은 웅덩이가 있다. 이 웅덩이들은 동네 사람들과 목자들이 같이 사용한다. 그리고 목자들은 주민들과의 계약에 따라 물을 제한적으로 사용한다.

광야에서 양을 치는 목자에게는 물이 가장 큰 문제이기 때문에 베두인 사이에 전해 내려오는 이야기 가운데 샘에 대한 분쟁 이야기가 세 번째로 많다고 한다. 이삭에 관한 성경의 기록을 봐도 특별한 것은 없고, 우물 파는 이야기가 주를 이루고 있다. 우물만 파다가 만 사람으로 그려지고 있다. 이삭은 가는 곳마다 우물을 팠다. 우물을 팔 때마다 물이 터져 나왔다. 그러면 동네 사람들이 몰려와 그 우물을 빼앗는다. 그러면 이삭은 다른 곳으로 옮겨가 또 우물을 판다. 그러면 또 물이 터져 나오고, 또 빼앗기고…. 이런 식의 이야기가 계속된다.

이스라엘은 지반이 석회암 지대라서 물이 땅속으로 스며들지 않고 모두 흘러가 버린다. 이 때문에 샘이 별로 없다. 그런데 이삭은 우물을 팔 때마다 물이 쏟아져 나왔다. 이것은 굉장한 일이다. 유목민에게 있어서 가장 큰 재산은 우물이다. 많은 우물을 가진 사람이 제일 부자이다. 양을 그만큼 많이 칠 수 있기 때문이다.

이삭이 우물을 팠던 지역은 브엘세바 근처였다. 브엘세바는 가나안 지역에서 사람이 거주할 수 있는 남방 한계선이었다. 브엘세바만 지나면 네게브 사막이 펼쳐진다. 브엘세바는 1년 강우량이 200밀리미터 정도다. 그 정도면 겨우 농사를 지을 수 있는 정도라고 한다. 그러니까 브엘세바는 가나안에서 강우량이 가장 적은 곳이다. 그러니 우물을 아무리 많이 파도 물이 나오기란 쉽지 않다. 그런데 이삭은 우물을 팔 때마다 물이 나왔다. 그것을 보고 사람들이 놀라서 나중에는 이삭에게 와서 무릎을 꿇고 그와 화친조약을 맺게 된다. 이삭이 거부가 될 수 있었던 것은 바로 그에게 우물이 많았기 때문이다. 그래서 농사를 지을 수 있었던 것이고, 양도 많이 키울 수 있었던 것이다.

광야지만 어떤 곳은 파고들어 가면 물이 나온다. 그러나 비가 내리지 않으면 아무리 파고들어 가도 물이 나오지 않는다. 물은 땅속에서 나오는 것이 아니라 하늘에서 내려 주는 것이다. 비가 내리지 않더라도 식물은 몇 년이고 버티고 살 수 있다. 예를 들어, 여리고의 장미 같은 꽃들은 2, 3년간 비가 오지 않아도 죽지 않는다고 한다. 그러나 사람이나 짐승은 그렇지 않다. 비가 오지 않으면 죽는다. 1950년대와 1960년대에 걸쳐 아라비아반도에 8년 연속 가뭄이 들었는데, 그때 수천 마리의 양이 죽어갔다. 목자가 보는 앞에서 양들이 쓰러져 죽은 것이다. 그때 목자의 심정이 어떠했겠는가?

비가 오지 않으면 우리는 농사가 망하는 것만 생각하는데, 그렇지 않다. 유목민에게도 엄청난 어려움이 닥친다. 목장이 다 황폐해지고, 양들이 다 비쩍 마르고 죽어 나가게 된다. 비가 오지 않으면 풀이 자라지 않는다. 그러면 양들은 굶어 죽고 만다.

야곱 당시에 가나안에 큰 기근이 있어서 야곱의 아들들이 양식을 구하러 이집트에 내려갔다가 요셉을 만난다. 그리고 야곱의 가족은 모두 이집트로 이민을 가게 된다. 그때에 야곱이 바로 앞에서 그들이 이집트에 온 연유를 이렇게 설명한다.

> 가나안 땅에 기근이 심하여 종들의 양 떼를 칠 곳이 없기로 종들이 이곳에 거류하고자 왔사오니 원하건대 종들로 고센 땅에 살게 하소서 (창 47:4).

양식이 없어서 양식을 구하러 왔다고 말하지 않고 양들에게 먹일 풀이 없어서 왔다고 대답했다. 그런데 이 말은 사실이다.

베들레헴에 10년 동안 기근이 들었다. 그때 보리나 밀 농사만 망한 것이 아니었다. 베들레헴에는 많은 목자가 있었을 것이고, 그들의 양들은 다 굶주려 죽고 말았을 것이다.

목자들은 양들이 눈앞에서 쓰러져 죽어 가는 모습을 가만히 보고 있을 수밖에 없었다. 목자가 양들에게 물을 먹여 주는 것이 아니다. 하나님만이 하실 수 있다! 그러므로 목자들은 양들에게 마시게 할 물을 위해서 기도할 수밖에 없다.

"오늘 우리 양들에게 마실 물을 주옵시며 … "

광야에도 비가 오면 꽃이 만발한다. 푸른 풀밭으로 삽시간에 변하게 된다. 이스라엘에서는 2~3월이 바로 그런 때이다. 겨울 우기가 끝나고 봄이 시작되면서 광야가 풀밭으로 변한다. 이때가 되면 양이나 목자나 모두 행복하다. 멀리 가지 않아도 꿀을 뜯어 먹을 수 있고 물을 마실 수 있기 때문이다. 비가 오는 철에 목자는 물을 끌어와서 웅덩이에 저장한다. 증발되지 않도록 돌로 뚜껑을 만들어 덮어 놓는다. 그리고 다른 목자들이 발견하지 못하도록 눈에 띄지 않게 숨겨 놓는다. 부지런한 목자는 이런 웅덩이를 많이 만들어 놓아 비가 오지 않을 때 이용한다. 좋은 목자는 바로 이런 곳으로 양들을 인도해서 물을 마음껏 마시게 하고 그 옆에서 쉬게 한다.

광야에도 홍수가 난다고 하면 믿겠는가? 그런데 네게브 사막에는 홍수가 난다. 비가 많이 와서 홍수가 나는 것이 아니다. 하늘은 더 없이 푸르고 비 한 방울 내리지 않는데 갑자기 와디(wadi, 건천)로 물이 휩쓸고 지나갈 때가 있다.

어떻게 된 일인가? 며칠 전 북쪽 지역에 내린 비가 땅속으로 스며들지 않고 다 네게브 광야로 쏟아져 내려온 것이다. 그래서 갑자기 홍수가 나는 것이다. 이런 일들이 자주 일어나기 때문에 네게브 광야에는 사진에서 보는 것처럼 낮은 저지대로 도로가 지날 때는 수위를 표시해 주는 표지판들이 서 있다.

시편에 바빌론에 끌려간 사람들의 기도가 나온다.

여호와여 우리의 포로를 남방 시내들같이 돌려 보내소서(시 126:4).

무슨 뜻일까? 남방의 시내들은 네게브 사막의 와디를 말한다. 네게브 사막에 갑자기 예기치 못한 때에 홍수가 나서 급류가 흘러내려 가듯이, 그렇게 예기치 못하는 때에 속히 자신들을 고국으로 돌아가게 해 달라고 간구하는 기도다.

이렇게 광야에 급류가 휩쓸려 내려올 때 양들이 와디나 저지대에 있다가는 다 떠내려가고 만다. 그렇기 때문에 목자는 광야에서도 홍수 걱정을 해야 한다. 한편 이렇게 광야에 홍수가 날 때 목자들은 부지런히 물을 웅덩이에 모아놓는다. 이렇게 한 번 급류가 휩쓸고 지나가면 그 자리에 얼마 동안은 양들이 먹을 풀이 많이 자란다.

유대 광야를 지날 때 이런 수위 표지판을 많이 볼 수 있다

19.
교회가 쉴 만한 물가다

이스라엘은 지반이 석회암으로 이루어져 있기 때문에 웅덩이에 물을 모아 두어도 잘 새지 않는다. 그래서 목자는 비가 올 때 많은 웅덩이를 파서 물을 모아 놓는다. 그런 다음에 다른 사람이 잘 모르게 뚜껑을 만들어 덮어 놓거나 해서 감추어 둔다. 그 목자만이 아는 비밀의 샘인 것이다. 양들에게 좋은 목자란 바로 이런 웅덩이를 많이 가지고 있는 목자다. 양들이 비 한 방울 내리지 않는 여름에도 물을 마실 수 있는 것은 바로 이런 목자의 수고가 있기 때문이다.

그러면 오늘날 우리는 어디에 가서 생수를 마실 수 있을까? 오늘날 우리에게 쉴 만한 물가는 어디인가? 예수님이 우리의 쉴 만한 물가다. 예수님은 장막절에 예루살렘 한복판을 다니시면서 이렇게 외치셨다.

명절 끝날 곧 큰 날에 예수께서 서서 외쳐 이르시되 누구든지 목마르거든 내게로 와서 마시라 나를 믿는 자는 성경에 이름과 같이 그 배에서 생수의 강이 흘러나오리라 하시니(요 7:37-38).

이스라엘은 물이 귀한 나라다. 샘물이 거의 없다. 그래서 웅덩이에 물을 받아서 사용했다. 유대인에게는 생수를 마신다는 것이 쉬운 일이 아니다. 그런데 예수님은 생수를 주겠다고 하셨다. 예레미야는 이스라엘 백성이 두 가지 죄악을 저질렀다고 책망했다.

> 참으로 나의 백성이 두 가지 악을 저질렀다. 하나는, 생수의 근원인 나를 버린 것이고, 또 하나는, 전혀 물이 고이지 않는, 물이 새는 웅덩이를 파서, 그것을 샘으로 삼은 것이다(렘 2:13, 새번역).

양들도 목자가 쉴 만한 물가로 인도할 때, 도중에 웅덩이에 물이 고여 있으면 그것을 마시려고 한다. 지금 목자는 깨끗한 물을 먹이기 위해 가고 있는데, 양들은 웅덩이에 고여 있는 더러운 물을 먹으려고 한다. 그 물은 위험하다. 그런 물을 먹었다가는 병에 걸리기 쉽다. 그런데도 어리석은 양들은 목자가 인도하는 곳을 따라가서 깨끗한 물을 먹는 대신 당장 눈앞에 있는 물을 먹으려고 한다. 더러운 물이라도 상관하지 않는다. 꼭 우리의 모습이 아닌가?

목이 마르다고 세상의 우물에서 물을 길어 마시지 말라. 목이 마르다고 세상이 주는 자극적인 탄산음료를 들이키지 말라. 세상의 우물에서 길어 올린 물은 마시고 또 마셔도 우리 영혼의 목마름을 해갈시켜 줄 수가 없다. 만족하게 해 줄 수가 없다. 오직 주님이 주시는 물을 마시는 자만이 영혼의 참 만족과 시원함을 맛볼 수 있다.

그러면 목자 되시는 하나님께서 우리에게 생수를 주시기 위해 인도하는 쉴 만한 물가는 어디일까? 바로 교회다. 인도에서는 선교사들이 선교지에 들어가서 맨 먼저 하는 일이 교회를 짓는 것이 아니라 우물 파는 일이라고 한다. 왜냐하면, 원주민에게 가장 필요한 것이 우물이기 때문이다.

이렇게 우물을 판 다음 어느 정도 시간이 흐르면 우물 위에 누각을 세워 교회를 만든다. 그러면 사람들이 물을 길으러 교회 안으로 들어와야 한다. 그런 식으로 해서 사람들을 교회로 인도하는 것이다.

… 너희가 기쁨으로 구원의 우물들에서 물을 길으리로다(사 12:3).

우리가 어디에서 생수를 퍼 마실 수가 있겠는가? 바로 구원의 우물이 있는 교회다. 에스겔이 환상을 보았는데, 성전 문지방에서부터 물이 흘러 나오기 시작한다. 그 물이 성전을 돌아 나와 퍼져 나가면서 점점 더 불어나 강을 이룬다. 그 물이 흐르고 흘러서 사해로 흘러 들어간다. 그리고 사해가 다시 살아나게 된다.

바로 이런 생수가 흘러나오는 곳이 교회다. 쉴 만한 물가인 교회에 가서 말씀의 생수를 마실 때 우리의 영혼이 소생한다. 말씀의 생수가 가정 속으로 흘러 들어갈 때 깨어진 가정이 회복되고, 세상 속으로 흘러 들어갈 때 죽어 가는 세상이 살아날 것이다.

20.
양들은 까다로워서
잘 눕지 않는다

　미국에서 가장 많이 팔리는 약이 수면제라고 한다. 잠을 이루지 못하는 사람이 그렇게 많은 것이다. 아무리 피곤해도, 쉬고 싶어도, 자고 싶어도 걱정과 근심과 염려가 많으면 잘 수가 없다. 쉴 수가 없다. 육체적으로 피곤하다고 잘 수 있는 것이 아니다. 마음이 평안해야 잘 수 있다. 걱정, 근심, 염려, 두려움이 없어야 잘 수 있다. 우리에게 참된 쉼과 안식이 주어질 때 비로소 우리는 쉴 수 있고 잠자리에 누울 수 있다.

　시편 23편 2절에 "그가 나를 푸른 풀밭에 누이시며"라고 했는데, "푸른 풀밭"에서 무엇을 하는가? 눕는다! 우리는 "푸른 풀밭"에만 관심을 갖는데, "누이시며"에도 중요한 의미가 있다. 양들은 여간해서 잘 눕지를 않는다. 그러므로 양들이 눕는다는 것은 예사로운 일이 아니다.

　좋은 꼴을 먹이고 그 우리를 이스라엘 높은 산에 두리니 그것들이 그곳에 있는 좋은 우리에 누워 있으며 이스라엘 산에서 살진 꼴을 먹으리라 내가 친히 내 양의 목자가 되어 그것들을 누워 있게 할지라 주 여호와의 말씀이니라 (겔 34:14-15).

만군의 여호와께서 이와 같이 말씀하시니라 황폐하여 사람도 없고 짐승도 없던 이 곳과 그 모든 성읍에 다시 목자가 살 곳이 있으리니 그의 양 떼를 눕게 할 것이라 (렘 33:12).

필립 켈러는 목자로서 자신의 경험을 바탕으로 쓴 『양과 목자』에서 양이 눕기 위해서는 최소한 네 가지 조건이 충족되어야 한다고 했다.

첫째, 배가 불러야 한다.

양들은 배가 부르지 않으면 자리에 눕지 못한다. 계속 서성이게 된다. 우리도 밤에 배가 고프면 잠이 오지 않는 것과 마찬가지다. 양들의 가장 큰 필요인 배를 부르게 해 주는 것, 이것이 목자가 양을 위해 최우선적으로 해 주어야 할 일이다. 양들은 마음껏 꼴을 뜯어 먹은 다음에야 비로소 자리에 눕는다. 그래서 "푸른 풀밭에 누이시며"라고 고백한 것이다.

둘째, 양들 사이에 갈등이 없어야 한다.

양들도 다툼이 대단하다고 한다. 서열 다툼, 자리다툼을 하는 것이다. 양들만 그런 것은 아니다. 베드로와 야고보의 형제들만 그런 것이 아니다. 우리도 마찬가지다. 모든 동물의 세계에는 치열한 자리다툼이 있다.

양들은 특별히 짝짓기 철이 되면 다른 동물들처럼 문자 그대로 피 터지게 싸운다. 뿔로 들이박고 싸우는 소리가 1마일 밖에까지 들릴 정도라고 한다. 목자가 말리기는 하지만 뿔이 뒤엉켜 있을 때는 목자도 어떻게 손을 쓸 수 없는 경우가 많다고 한다. 이렇게 싸우다 죽는 양도 생긴다.

너희가 옆구리와 어깨로 밀어뜨리고 모든 병든 자를 뿔로 받아 무리를 밖으로 흩어지게 하는도다 (겔 34:21).

양들이 얼마나 순한가? 그런데도 싸울 때가 있다. 양들은 주로 먹을 것을 가지고 많이 싸운다고 한다. 그러나 먹을 것이 없어서 싸우는 것이 아니라 얼마든지 풀이 많이 있는데도 더 좋은 꼴을 차지하기 위해 싸운다고 한다.

교회에서 왜 그렇게 싸우는지 양들의 세계를 알면 고개를 끄떡거리게 될 것이다. 양들이 늑대와 싸우다 다리가 부러지고 살점이 뜯겨나가고 털이 뜯기는 경우는 사실 거의 없다. 다 자기들끼리 싸우다 부상을 입고 상처를 입는다. 교인들도 마찬가지다. 원수 마귀와 싸우다 부상을 당하는 것이 아니라 자기들끼리 교회 안에서 싸우다가 부상병이 되고 만다. 그러니 원수 마귀와 싸울 엄두도 못 내는 것이다. 원수 마귀와 싸우기 전에 교인들끼리 싸우다 다 망하는 것이다.

원래 이것은 구약 시대에 하나님이 이스라엘을 공격해 들어오는 적들에 대해 사용하신 전술이었다. 이스라엘에 쳐들어 왔다가 자기들끼리 싸우다 도망가고 전멸한 전쟁 이야기가 성경에 많이 나오지 않는가?

그런데 지금은 이런 전술을 마귀가 배워서 교회 안에서 써먹고 있다. 여기에 넘어가서는 안 된다. 교회가 푸른 풀밭이 되고 쉴 만한 물가가 되려면 교인들 간에 갈등이 없어야 한다. 목자는 양들 사이의 갈등을 잘 해결해 주어야 한다. 갈등의 여지를 미연에 방지해야 한다. 그래야 교인들이 교회에 와서 참된 쉼과 안식을 누릴 수 있게 될 것이다.

셋째, 양들을 괴롭히는 것이 있으면 자리에 눕지 못한다.

양들은 날파리나 모기 같은 것들이 윙윙대면서 달려들면 눕지를 못하는데, 그런 것들이 단순히 귀찮게 하기 때문만은 아니다. 양들에게 날파리는 대단히 위험하다. 날파리들이 양들 사이를 어슬렁거리는 이유가 있다. 양의 콧속에 알을 낳기 위해서다. 날파리가 양의 콧속에 알을 낳은 것을 목자가 발견하면 다행인데, 그렇지 못하면 알에서 깨어난 유충들이 코를 타고 양의 뇌 속으로 올라간다. 그러면 양이 미치거나 죽는다. 너무 괴로워 머리를 바위 같은 곳에 마구 부딪히다가 죽기도 한다. 그래서 양들은 날파리들이 주변에서 맴돌면 불안해서 자리에 눕지를 못한다.

목자는 양들이 편히 누워서 쉴 수 있도록 양들을 위협하는 모든 것을 제거해 주어야 한다. 날파리들을 쫓아내야 한다. 살충제를 뿌려서 전멸시켜야 한다. 날파리들이 목장에 얼씬도 하지 못하도록 해야 한다. 파리 한 마리가 양 한 마리를 죽일 수도 있기 때문이다.

넷째, 양들은 불안하면 자리에 눕지 못한다.

양들이 언제 가장 불안해할까? 목자가 보이지 않을 때다. 양들은 옆에 목자가 보이지 않으면 절대 눕지 않는다. 목자가 곁에 있어야 양들이 비로소 안심을 하고 눕는다. 목자가 없으면 언제 어디서 늑대가 나타날지 모르기 때문이다.

그렇기 때문에 목자는 항상 양들 곁에 있어야 한다. 목자가 옆에 있으면 이리나 하이에나가 멀리서 노려보고 있어도 양들은 두려워하지 않고 꼴을 뜯어 먹는다. 누워서 쉰다.

목자는 양들이 사망의 골짜기를 지날 때만 양들 곁에 있는 것이 아니라 양들이 푸른 풀밭이나 쉴 만한 물가에 있을 때도 그들 곁에 같이 있어 주어야 한다. 양들이 보이는 곳에 항상 같이 있어 주어야 양들이 안심을 한다.

목자에게서는 어떤 냄새가 날까? 목자는 항상 양들과 함께 생활한다. 잠시도 양을 떠나지 않는다. 탕자가 돼지우리에서 돼지와 함께 뒹굴었던 것처럼 목자는 양과 함께 뒹군다. 양을 품에 안는다. 양을 어깨에 멘다. 양을 껴안는다. 그리고 양들 사이에 눕는다. 그래서 목자들에게서는 양 냄새가 난다. 우리는 목자 하면 낭만적인 이미지를 떠올리지만, 사실은 그렇지 않다. 제대로 몸을 씻지 못한다. 광야에 물이 어디 있겠는가? 땀 냄새, 양 냄새, 양 똥냄새로 뒤범벅이다.

이스라엘에서 깨끗한 목자를 본 적이 없다. 그러나 이런 목자가 정말 좋은 목자다. 양들이 바라는 목자는 바로 양 냄새가 나는 목자다. 이런 목자가 있는 목장에서는 양들이 누워 있는 모습을 쉽게 볼 수 있을 것이다.

21.
푸른 풀밭과 쉴 만한 물가는
광야의 오아시스

시편 23편의 무대는 광야라고 했다. 그런데 목자는 양들을 푸른 풀밭과 쉴 만한 물가로 인도한다. 과연 광야에 그런 곳이 있을까? 있다!

그런 곳을 보고 오아시스라고 부른다. 사막이 아름다운 것은 어딘가에 오아시스가 감추어져 있기 때문이라는 말이 있다. 대상(大商)들이 사막을 통과할 수 있는 것은 중간중간에 오아시스가 있기 때문이다. 만일 오아시스가 없다면 사막은 글자 그대로 죽음의 땅이 될 수밖에 없다. 사막에 오아시스가 없다면 사막을 건너는 사람이 아무도 없을 것이다. 아무도 사막에 살 수 없을 것이다.

성경에 나오는 대표적인 오아시스가 엘림이다.

> 그들이 엘림에 이르니 거기에 물 샘 열둘과 종려나무 일흔 그루가 있는지라 거기서 그들이 그 물 곁에 장막을 치니라 (출 15:27).

이런 오아시스가 시나이반도에 적어도 400개 이상 되는 것으로 알려져 있다. 이런 오아시스들 때문에 광야에서 이스라엘 백성이 40년간 살아남을 수 있었던 것이다. 이스라엘 백성이 광야를 지나면서 쉬었다 간 곳이 다 이런 오아시스라고 생각하면 틀림없다.

에스겔이 성전에서 흘러나온 물이 동쪽을 향해 내려가서 사해로 흘러 들어가는 환상을 보았다(에스겔 47장). 환상의 무대는 천상의 세계가 아니라 실제 지도에 나타나는 곳이다. 에스겔이 잘 알고 있었던 지역이다. 예루살렘에서 동쪽으로 가면 여리고가 나온다. 여리고 바로 아래가 사해다.

선한 사마리아인 비유의 무대이기도 한 예루살렘에서 여리고에 이르는 이 지역은 광야로서 황무지다. 버려진 땅이다. 아무도 살 수 없는 땅이다. 죽은 땅이다. 그런데 성전에서 흘러나온 물이 강을 이루어 바로 이곳을 지나게 된다. 광야에 강이 생긴 것이다.

광야 한가운데로 이런 강물이 흘러가자 어떻게 되었는가?

> 강 좌우 가에는 각종 먹을 과실나무가 자라서 그 잎이 시들지 아니하며 열매가 끊이지 아니하고 달마다 새 열매를 맺으리니 (겔 47:12).

이런 곳을 바로 오아시스라고 부른다.

광야에는 오아시스를 따라 길이 나 있다. 오아시스에 들르지 않고는 광야를 통과할 수 없기 때문이다. 광야 지도를 보면 길이 거미줄처럼 연결되어 있는데, 바로 오아시스를 거쳐 가게 되어 있기 때문이다.

부자 상인이 낙타에 짐을 잔뜩 싣고 안내인과 함께 사막을 지나고 있었다. 그런데 물이 점점 떨어져 갔다. 사막에서 물이 떨어지면 죽는 것 아닌가? 부자 상인이 안내인에게 말했다.

"여보시오, 내가 있는 것 다 줄 테니 나에게 물을 파시오."

안내인이 생각해 보니 좋은 거래였다. 하루 이틀만 더 참고 가면 오아시스가 있기 때문이었다.

"그렇게 하시지요."

그런데 얼마 안 가서 둘 다 죽었다. 부자는 전 재산을 다 주고 물을 샀으나 물이 부족해서 죽었고, 안내인은 갑자기 부자가 되었지만 물을 팔았으니 마실 물이 없어 죽었던 것이다. 오아시스를 만나기 전에 물이 떨어져 둘 다 죽었던 것이다.

오아시스 근처에서 많은 시신이 발견된다. 무슨 이유일까? 광야를 지나던 사람들이 그토록 찾고 찾던 오아시스를 1킬로미터 남겨 두고, 또는 500미터 남겨 두고 더위와 목마름에 지쳐 쓰러져 다시 일어나지 못한 것이다.

예수님은 광야와 같은 인생을 살아가는 사람들에게 오아시스와 같은 분이시다. 광야와 같은 인생을 살아가고 있는 우리에게 예수님은 이렇게 말씀하신다.

> 수고하고 무거운 짐 진 자들아 다 내게로 오라 내가 너희를 쉬게 하리라 (마 11:28).

오아시스는 물이 있는 곳이다. 생수가 터져 나오는 곳이다. 목마른 사람들의 갈증을 해갈시켜 주는 곳이다. 광야를 지나면서 타는 목마름으로 고통당하는 우리를 예수님은 생수가 흘러넘치는 오아시스로 초청하신다.

> 누구든지 목마르거든 내게로 와서 마시라 나를 믿는 자는 성경에 이름과 같이 그 배에서 생수의 강이 흘러나오리라 (요 7:37-38).

> 내가 주는 물을 마시는 자는 영원히 목마르지 아니하리니 내가 주는 물은 그 속에서 영생하도록 솟아나는 샘물이 되리라 (요 4:14).

오아시스에는 푸른 풀밭과 쉴 만한 물가가 있다. 양들은 푸른 풀밭에서 마음껏 배부르게 꼴을 뜯고 쉴 만한 물가에서 실컷 물을 마신다. 광야를 지나는 낙타들도 마찬가지다. 광야와 같은 인생을 살아가는 우리에게 푸른 풀밭과 쉴 만한 물가가 되시는 예수님은 생명의 양식과 성령의 생수를 공급해 주신다.

> 나는 생명의 떡이니 내게 오는 자는 결코, 주리지 아니할 터이요 나를 믿는 자는 영원히 목마르지 아니하리라(요 6:35).

교회는 광야를 지나는 우리에게 오아시스와 같은 곳이다

예수님이 사마리아 지방을 지나실 때에 세겜에 있는 우물에서 잠깐 쉬고 계셨다. 그때 물 길러 나왔던 수가성 여인을 만나셨다. 그 여인은 우물가에서 예수님을 만나 새로운 인생을 살게 되었다.

교회는 우물가와 같은 곳이다. 그곳에는 구원의 우물이 있다. 그곳에는 쉼이 있다. 그곳에는 예수님이 계신다. 그곳에 나오면 생수를 마실 수 있다. 그곳에 나오면 예수님을 만날 수 있다. 그곳에 나오면 쉼을 얻을 수 있다. 이런 곳이 바로 교회다. 광야를 지나는 우리에게 오아시스와 같은 곳이 바로 교회다. 하나님이 우리로 하여금 생명의 꼴을 먹고 생수를 마시고 쉼을 얻도록 하기 위해 마련하신 푸른 풀밭과 쉴 만한 물가가 바로 교회다.

광야를 지날 때 오아시스를 만나면 반드시 들렀다 가라!

광야를 통과할 때 지켜야 하는 수칙 가운데 하나는 오아시스를 만날 때마다 들러야 한다는 것이다. 그곳에 들러서 쉬어가야 한다. 생수를 마시고 가야 한다. 그렇지 않으면 얼마 가지 못해서 쓰러지고 만다. 오아시스에 많이 들르는 사람일수록 그리고 오아시스에 오래 머무는 사람일수록 더 빨리 광야를 빠져나갈 수 있다.

하나님께서 이스라엘 백성을 데리고 광야를 지나실 때 그들을 재촉하지 않으셨다. 몰아붙이지 않으셨다. 오아시스를 만날 때마다 쉬어가게 하셨다. 오아시스에서 충분히 쉬게 하여 재충전하게 하신 다음 다시 일어나서 광야를 지나게 하셨다. 이스라엘 백성에 대한 하나님의 배려였던 것이다.

인생의 광야를 지날 때, 광야를 건너는 일에만 몰두하다 오아시스를 지나치는 일이 없도록 하라. 광야는 한없이 계속될 것이다. 서두른다고 해서 빨리 지날 수 있는 길이 아니다. 오아시스를 자주 들르는 사람이 더 빨리 광야를 통과할 수 있다. 그곳에 자주 들러야 한다. 그곳에서 충분히 쉬어야 한다. 그곳에서 충분히 생수를 마셔야 한다. 그래야 광야 같은 세상에서 지치지 않고 쓰러지지 않는다.

우리는 주일마다 교회에 와서 예배를 드린다. 예수님을 통해 은혜를 받는다. 새로운 힘을 공급받는다. 영혼이 소성케 된다. 그리고 월요일부터 토요일까지 세상이라고 하는 광야를 지나게 된다. 그런데 주일에도 쉬지 않고 빨리 광야를 벗어나야겠다는 생각으로 오아시스에도 들르지 않고 그냥 지나치는 사람들이 있다. 그들이 우리보다 더 빨리 광야를 벗어나는가? 아니다. 우리가 가다 보면 그들이 쓰러져 있다. 오아시스를 들렀다 가는 사람은 무사히 광야를 통과해서 가나안 땅에 들어가는데, 그렇지 않은 사람들은 광야에 또 하나의 무덤을 만들게 된다.

광야 건너는 법을 낙타에게서 배우라!

낙타는 사막을 횡단할 수 있는 유일한 동물이다. 사막이라고 하는 바다를 항해하는 배가 바로 낙타다. 낙타 없이는 그 누구도 사막에 들어갈 수 없다.

사막에 들어갈 때는 낙타가 제일 중요하다. 사막을 지날 때 낙타가 갑자기 쓰러져 죽으면 그 낙타에 실었던 짐들은 다 버리고 가야 한다. 낙타가 한 마리밖에 없는데, 그것을 타고 사막을 횡단하다가 그 낙타가 쓰러져 죽으면 사람도 죽는다. 살고 죽는 문제가 오아시스를 만나느냐, 만나지 못하느냐에 달려 있지만, 낙타에게도 달려 있다.

낙타는 등에 혹이 있다. 흉물스럽고 무겁게 보이지만 물과 지방분을 저장하는 장소이다. 낙타는 그 혹이 있기 때문에 열흘이고, 보름이고 무거운 짐을 지고 광활한 광야를 하루 종일 묵묵히 걸어갈 수 있다.

낙타의 혹이 점점 줄어들면 오래 가지 못한다. 빨리 오아시스에 들러 물을 실컷 마시게 해야 한다. 그렇지 않으면 쓰러지고 만다. 우리도 인생의 광야를 지나다 쓰러지지 않기 위해서는 주일마다 교회에 와서 예수님을 통해 은혜를 충분히 받고 납작해진 혹을 불룩 솟아오르게 만들어야 한다.

오아시스에 들렀다가 떠날 때가 되면 충분한 양의 물을 가죽부대에 담아서 떠난다. 다음 오아시스에 도착할 때까지 필요한 물을 떠가는 것이다. 교회에 와서도 마찬가지다. 일주일에 한 번씩 교회라고 하는 오아시스에 나와서 예수님께서 주시는 생수를 마시지 않는가? 그러나 갈증을 해갈하는 것으로 만족해서는 안 된다. 잠시 쉬었다 가는 것으로 만족해서는 안 된다. 인생의 광야 길을 걸어가면서 쓰러지지 않기 위하여 앞으로 한 주간 동안 살아갈 수 있는 에너지와 힘을 비축해야 한다. 적어도 다음 오아시스에 도착할 때까지 필요한 힘을 얻어 가야 한다. 적어도 일주일을 버틸 수 있는 힘을 얻어 가야 한다.

제4부

내 영혼을 소생시키시고

22.
예루살렘에서 강탈당한 차를 "소생시키다"

　예루살렘에서 친구 목사님과 함께 차를 타고 가고 있는데 뒤따라오던 차가 우리 차를 박았다. 우리는 차를 골목에 세우고 급한 마음에 엔진을 켜둔 채로 내렸다. 우리를 받은 차에는 두 명의 아랍 사람이 타고 있었는데 한 사람만 내렸다. 그리고 우리 쪽으로 와서 차를 둘러보는 척하더니 쏜살같이 우리 차에 올라타고는 달아났다. 아! 강도들이었던 것이다. 우리는 지나가는 택시를 붙잡아 타고 그들을 뒤쫓았으나 놓치고 말았다.
　그런데 마침 그 차에 친구 목사님 핸드폰이 있었다. 그래서 다행히 그 강도들과 연락이 닿아서 그들과 거래를 했다. 그 강도들이 차를 돌려주는 조건으로 우리에게 2천 달러를 요구했다. 우리는 부랴부랴 돈을 준비해서 약속 장소인 팔레스타인 지역으로 갔다. 그런데 시간이 지나도 그들은 나타나지 않았다. 얼마 후 전화가 왔다. 다른 데서 만나자는 것이었다. 그래서 다시 그곳으로 갔다. 그 강도들은 우리를 으슥한 골목으로 데리고 갔다. 그리고 우리는 돈을 건네주고 차를 도로 찾아왔다.

만일, 우리가 그 차를 도로 찾아오지 않았으면, 그 차는 강도질하는 데 사용되었을 것이다. 그리고 타고 다니다가 고장나면 버리거나, 가다가 서면 부속품들을 빼다가 팔았을 것이다. 그리고 그 차는 폐차가 되어 아무 데나 버려지고 말았을 것이다.

그러나 그 차를 주인이 다시 찾아왔으니 천만다행 아닌가?

이 차는 말하자면 죽었다가 다시 산 것이다. 이런 경우 이 차가 하는 말이 있다.

> 내 영혼을 소생시키시고 … (시 23:3).

"내 영혼을 소생시키시고"에서 '영혼'은 히브리어로 '네페쉬'(*nefesh*)이다. 하나님께서 아담과 하와를 흙으로 만드시고 거기에 생기를 불어넣으시니 '생령'이 되었다고 했는데(창 2:7), 생령이 바로 네페쉬다. 네페쉬는 '생명'이라는 뜻을 가지고 있다. "내 영혼을 소생시키시고"라는 말은 '나의 생명을 회복시켜 주시고'라는 뜻이다. 나의 영과 혼과 육과 나의 모든 것을 회복시켜 주신다는 뜻이다.

우리가 즐겨 부르는 "나 같은 죄인 살리신 주 은혜 놀라워 잃었던 생명 찾았고 광명을 얻었네"라는 찬송이 "내 영혼을 소생시키시고"라는 구절의 의미를 가장 잘 표현해 주고 있다. "내 영혼을 소생시켜 주셨다"라는 말은 '나를 다시 살려 주셨다', '나를 다시 회복시켜 주셨다', '나를 다시 고쳐 주셨다'라는 뜻이다. 죽었던 나를 다시 살려 주시고, 고장난 나를 다시 고쳐 주시고, 아픈 나를 다시 치료해 주셔서 건강하게 하셨다는 뜻이다. 넘어진 나를 다시 일으켜 주시고, 구덩이에 빠진 나를 꺼내 주시고, 물에 빠진 나를 건져 주셨다는 뜻이다. 시들시들해진 영혼에 생기를 불어넣어 주시고, 피곤한 영혼에 활력을 넣어 주시고, 지친 영혼에 생수를 공급해 주셨다는 뜻이다.

사해 사본이 발견된 쿰란 동굴

    1947년 어느 날 아랍 사람인 한 목동이 염소를 치다가 낮 11시에 숫자를 세어 보았다. 56마리가 되어야 하는데 55마리밖에 없었다. 다시 세어 보았으나 마찬가지였다. 그가 염소를 세어 본 것이 이틀 전이었다. 매일 체크를 해야 했지만, 그렇게 하지 않았던 것이다. 덜컥 겁이 난 목동은 잃어버린 염소를 찾아서 온 계곡을 다 뒤졌다.
    어느 한 계곡에 왔을 때 벼랑 위에 조그만 동굴이 보였다. 혹시나 해서 돌을 던져 보았다. 그런데 그 굴 안에서 '쨍그랑' 하면서 항아리 깨지는 소리가 들려왔다. 이상하다 싶어 다시 한 번 돌을 던져 보았다. 이번에도 같은 소리가 들려왔다. 그래서 굴 안에 들어가 보았더니 항아리 안에 두루마리가 들어 있었다. 이렇게 해서 발견된 것이 바로 '사해 사본'이다. 지금까지 우리가 가지고 있는 성경은 가장 오래된 것이 1천 년 전 것이었는데, 사해 사본이 발굴됨으로써 우리는 이천 년 전의 성경을 갖게 되었다. 이런 귀중한 성경을 한 목동이 잃어버린 염소 한 마리를 찾다가 우연히 발견한 것이다.

양들은 드넓은 초원이 아니라 험한 산악 지대 아니면 깊은 계곡이나 광야 같은 곳으로 다닌다. 늘 이렇게 위험한 곳으로 다녀야 하는 양들은 길을 잃기가 쉽다. 목자를 잃고 길을 잃고 헤매다 보면 밤은 어둑어둑해지고 목자의 음성은 들리지 않고 그러다 보면 덜컥 겁이 나게 된다. 겁이 나니까 더욱 초조해진다. 당황한다.

양은 스스로 자신을 지킬 수 있는 능력이 전혀 없다. 목자가 없으면 언제 맹수의 먹이가 될지 모른다. 그래서 한순간이라도 목자가 없으면 안절부절못하는 것이 양이다. 길을 잃은 양은 잘못해서 낭떠러지에 떨어져 죽기도 하고, 사나운 들짐승의 밥이 되기도 한다. 때로는 구덩이에 빠져서 나오지 못하든지, 수풀에 걸려 꼼짝 달싹 못하게 된다.

이렇게 목자를 잃은 양은 하룻밤을 넘기기가 어렵다. 그래서 잃은 양의 비유에서도 목자가 한 마리 잃은 양을 찾기 위해 당장 찾아나섰던 것이다. 그렇지 않고, 다음 날 찾으러 가면 사체밖에 찾아오지 못하고 만다.

인자가 온 것은 잃어버린 자를 찾아 구원하려 함이니라(눅 19:10).

인생을 살아가다 보면 광야에서 길을 잃은 것처럼 막막하고 절망스럽고 위험한 상황을 만날 수도 있다. 우리가 잘못해서 목자 되시는 하나님의 인도를 따라가지 않고 다른 길로 가다가 길을 잃을 수도 있다. 그러나 그때도 하나님은 우리를 버리지 않으시고 우리를 찾으실 때까지 찾으실 것이다. 왜냐하면, 그분은 우리의 선한 목자이시기 때문이다. 그리고는 마침내 우리를 다시 찾아 품에 안고 목장으로 데리고 가실 것이다. 그때 우리는 주님 품 안에서 "주께서 내 영혼을 소생시키시고"라고 노래할 것이다.

23.
양들의 구호
"모이면 살고 흩어지면 죽는다!"

양들은 먹을 때도 같이 모여서 먹고, 쉴 때도 같이 모여서 쉬고, 움직일 때도 항상 같이 움직인다. 따로 떨어져 있는 양은 거의 없다. 왜 항상 붙어 다니는 것일까? 살기 위해서다. 생존 본능 때문에 같이 붙어 다니는 것이다. 양들은 따로 떨어져 있으면 맹수의 밥이 되고 만다는 것을 잘 안다. 그들은 모여 있을 때 가장 안전하다는 것을 안다.

맹수가 모든 양을 다 노리는 것은 아니다. 노리는 양이 따로 있다. 뒤처진 양이나 따로 떨어져 나간 양, 길 잃은 양이다. 말 안 듣는 양이나 어린 양, 병든 양이나 다친 양이 그렇게 되기 쉽다. 이리나 하이에나의 밥이 되지 않기 위해서는 목자 가까이 있어야 한다. 다른 양들과 같이 있어야 한다.

"모이면 살고 흩어지면 죽는다!"

이것이 양들의 구호다.

친구 목사님이 고속도로를 달리다가 그 주변을 지나가는 토네이도를 만났다. 간접적으로 토네이도의 영향권에 접어들었기 때문에 차가 휘청

거릴 정도로 바람이 세차게 불어댔다. 그런데 저만치에서 고속도로 가에 차들이 서서 모여 있는 것이 보였다. 무슨 일일까 의아해 하면서 다가갔더니, 거기 있던 사람들이 그 목사님 차를 세우고는 다른 차 가까이 대도록 했다. 이유를 물으니, 모여 있으면 바람의 영향을 덜 받기 때문이라고 했다고 한다.

사슴이 수백 마리 떼를 지어 초원을 지나고 있다. 이때 사자가 나타난다. 그러면 이 사자가 어떤 사슴을 노리겠는가? 뒤에 처져 있는 놈이다. 뒤에 떨어져서 가는 놈을 공격한다.

수백 마리 수천 마리 떼로 짐승들이 몰려서 갈 때 사자나 이리 같은 맹수들은 먼저 그 떼를 어지럽힌다. 이러저리 사방으로 흩어지게 한 다음 몇 마리를 죽인다.

그럼 누가 가장 안전할까? 가장 가운데 있는 놈이다. 누가 가장 위험할까? 제일 뒤처져 있는 놈이다. 그래서 항상 본능적으로 모여 있는 것이다. 살기 위해서!

절대로 교회에서 떨어져 나가지 말라! 혼자 겉돌지 말라! 사탄은 우리가 혼자 떨어져 나가기만을 기다리고 있다. 믿음의 공동체에서 떨어져 나갈 때 우리는 사자(사탄)의 밥이 되고 만다.

24.

이런 양들은 위험하다

도망가는 양

영국에서는 귀족들이 사냥을 즐겼다. 그들이 사냥을 갈 때는 반드시 사냥개를 데리고 간다. 사냥개들은 아주 훈련이 잘되어 있다. 절대로 사냥감을 놓치지 않는다. 끝까지 쫓아가서 붙들어 온다.

프랜시스 톰슨(Francis Thompson)이라는 시인은 하나님을 "천국의 사냥개"로 비유하였다.

나는 그에게서 도망쳤네, 밤에도 그리고 낮에도
나는 그에게서 도망쳤네, 수많은 세월 동안을
나는 그에게서 도망쳤네, 내 마음속 미궁 같은 길로
그리고 슬픔 속에서도 나는 숨었네, 겉으로는 연이어 웃으면서도 하나님을 사냥개에 비유한다는 것이 불경스러워 보일지 몰라도 하나님과 우리의 관계를 잘 보여 준다. 사냥개들은 끝까지 집요하게 쫓아가서 사냥감을 찾아온다. 절대로 놓치는 법이 없다. 목자도 마찬가지다. 잃은 양을 찾을 때까지 찾으러 다닌다. 그리고 마침내 찾아서 돌아온다.

선한 목자이신 예수님이, 하나님이, 바로 그런 분 아니신가?

요나를 보라. 하나님에게서 도망갔을 때 하나님이 바다 한가운데까지 쫓아가서 그를 붙들어 오지 않으셨는가?

어떤 사람은 죽기 직전에 하나님에게 붙잡혀서 항복하는 사람도 있다. 예수님이 십자가에 달려 돌아가실 때 그 우편에 달렸던 강도가 바로 그런 사람이었다.

> 내가 주의 영을 떠나 어디로 가며 주의 앞에서 어디로 피하리이까 내가 하늘에 올라갈지라도 거기 계시며 스올에 내 자리를 펼지라도 거기 계시니이다 내가 새벽 날개를 치며 바다 끝에 가서 거주할지라도 거기서도 주의 손이 나를 인도하시며 주의 오른손이 나를 붙드시리이다(시 139:7-10).

결코, 그 누구도 하나님에게서 도망갈 수 없다. 하나님은 천국의 사냥개처럼 집요하게 추적하신다. 마치 FBI가 도망가 숨어 있는 범죄자들을 찾듯이 말이다.

사울은 다윗을 붙잡기 위해 13년 동안을 쫓아다녔다. 그는 다윗을 잡아 죽이려고 증오심에 불타 그렇게 쫓아다녔지만, 하나님은 우리를 사랑하시기 때문에 긍휼히 여기사 구원하시려고 죽을 때까지 세상 끝까지라도 추적하신다.

하나님을 떠났던 많은 사람이 탕자처럼 인생의 흉년을 만나고, 요나처럼 인생의 풍랑을 만나고 돌아왔다는 간증을 많이 하지 않는가?

우리는 아무리 멀리 도망간다고 할지라도 결국, 하나님의 사랑에 의해 붙잡히고 하나님의 사랑 앞에 항복하게 된다. 우리는 결코 그분에게서 도망가지 못할 것이다. 도망가더라도 다시 붙잡혀서 돌아올 것이다.

얼마나 큰 은혜인가?

목자는 도망가는 양이 있으면 물매 돌을 던져 경고를 한다. 상습적으로 다른 길로 벗어나는 양은 다리를 부러뜨린다. 그러면 목자가 힘들어진다. 그 양을 안고 다녀야 하기 때문이다. 그러나 그렇게 해야 양이 정신을 차린다. 우리가 자꾸 도망가면 하나님이 징계하신다. 다리를 부러뜨리신다. 도망가지 못하도록!

> 내 아들아 주의 징계하심을 경히 여기지 말며 그에게 꾸지람을 받을 때에 낙심하지 말라 주께서 그 사랑하시는 자를 징계하시고 그가 받아들이시는 아들마다 채찍질하심이라 … 어찌 아버지가 징계하지 않는 아들이 있으리요 징계는 다 받는 것이거늘 너희에게 없으면 사생자요 친아들이 아니니라 … 무릇 징계가 당시에는 즐거워 보이지 않고 슬퍼 보이나 후에 그로 말미암아 연단 받은 자들은 의와 평강의 열매를 맺느니라(히 12:5-8, 11).

> 그래서 절름거리는 다리로 하여금 삐지 않게 하고, 오히려 낫게 하십시오 (히 12:13, 새번역).

"우리의 목자가 되시는 예수님, 우리가 주님께 순종하지 않고 곁길로 가려고 할 때마다 우리의 다리라도 부러뜨리셔서 우리가 다른 길로, 위험한 길로 들어서지 못하도록 하여 주시옵소서!"

멀리서 따라오는 양, 뒤처진 양

양이 움직일 때 늑대, 하이에나도 같이 움직인다. 멀리서 보이지 않는 곳에서 양들과 함께 은밀하게 움직인다. 기회를 엿보기 위해서다.

양이 산 위에 있을 때는 늑대도 산 위에 저만큼 어딘가에 숨어 있다. 아래로 내려오면 늑대도 같이 내려온다. 양이 골짜기를 통과할 때 늑대는 절호의 찬스를 맞게 된다. 골짜기는 어둡다. 길이 험하다. 늑대가 숨어 있을 곳이 많다. 그래서 양이 골짜기를 지날 때가 가장 위험하다. 언제 어디서 늑대가 나타날지 모른다. 이런 데서는 뒤처졌다가는 큰일 난다. 목자 가까이서 목자를 따라가야 한다. 무리에서 떨어져서는 절대로 안 된다. 맹수들은 뒤처진 양을 노리기 때문이다.

두 사람이 등산을 갔다가 곰을 만났다. 그들은 기겁을 하고 죽기 살기로 도망을 갔다. 그런데 그 와중에 한 사람이 갑자기 멈추어 서더니 신발끈을 고쳐 매는 것이었다.

빨리 도망가야지 이런 상황에서 신발끈을 고쳐 맨다는 것이 말이 되는가? 그래서 친구가 왜 그러느냐고 물었다.

"너보다 빨리 달아나기 위해서지."

그렇다. 다른 친구보다 빨리 도망가면 산다. 어차피 둘 중 하나만 잡아먹을 것 아닌가?

맹수가 노리는 양은 따로 혼자 떨어져 있거나 목자에게서 멀리 떨어져 있는 양이다. 우리가 하나님에게서 멀어질 때, 교회에서 겉돌 때, 사탄은 우리를 내버려 두지 않는다.

> 근신하라 깨어라 너희 대적 마귀가 우는 사자같이 두루 다니며 삼킬 자를 찾나니
> (벧전 5:8).

그러나 우리가 예수님 가까이에 있으면 사탄은 감히 우리를 넘보지 못한다. 예수님을 따라가되 남보다 가까이서 따라가야 한다. 장거리를 뛸 때 앞에서 뛰는 사람보다 뒤에서 쫓아오는 사람이 더 힘들다. 다른 사람들보다 처져서 신앙생활을 하면 그만큼 힘이 더 든다. 뒤처져서 피곤하기는 한데, 앞에 가는 사람 따라붙기는 해야지 그러니 얼마나 힘들겠는가? 그러나 다른 사람들보다 앞서서 가면 힘이 들지 않는다. 신앙생활도 마찬가지다. 남보다 앞서 가는 사람은 신앙이 쭉쭉 자라는데, 뒤처져서 따라오는 사람은 축 늘어져 있다. 지쳐서 헉헉대며 따라온다.

예배부장을 맡은 분이 있는데, 그분은 예배 시간에 맡은 일이 있기 때문에 앞에 앉지 못하고 항상 맨 뒤에 앉아서 예배를 드려야 했다. 맨 뒤에 앉아서 예배를 드리니까 앞에 있는 사람들이 다 보인다. 예배 시간에 조는 사람, 딴 짓 하는 사람, 주보 보는 사람, 설교 받아쓰는 척하면서 낙서하는 사람, 왔다 갔다 하는 사람 등 다 보인다. 그러니까 온전히 예배에 집중할 수 없다면서 자기도 앞에서 예배를 드리고 싶다고 했다.

그렇다. 뒤에 앉아 있으면 예수님은 보이지 않고 사람만 보인다. 사람들에 가려 예수님이 보이지 않는다. 마치 키가 작은 삭개오가 사람들에게 가려서 예수님을 볼 수 없었던 것처럼 말이다. 그러나 앞에 앉아서 예배를 드리면 십자가만 보인다. 예수님만 보인다. 그러니까 은혜받는 것이다.

구덩이에 빠진 양

양이 길을 잃고 다른 사람 밭에 가서 하루 또는 며칠 이상 풀을 뜯어 먹으면 그 양은 그 밭주인의 것이 된다. 남의 소유가 되고 만다. 뒤늦게 원래의 양 주인이 이런 사실을 알고 와서 자기 양을 내놓으라고 해도 소용이 없다. 남의 땅에 들어가서 며칠 동안 풀을 뜯어 먹으면 그 양은 그 밭

임자에게 넘어가게 된다. 이것이 고대 이스라엘의 법이다.

어떤 나쁜 사람들은 일부러 기회를 노리다 자기 땅으로 양이 들어오면 나가지 못하게 한다. 그렇게 하고는 자기 땅에 들어왔으므로 자기 것이라고 우긴다.

또 어떤 사람들은 자기 밭에 구덩이를 파놓고 그 위를 감쪽같이 덮어 놓는다. 함정을 만드는 것이다. 그렇게 해 놓고는 주변에 풀밭을 잘 만들어 놓는다. 그러면 생각 없는 양이 와서 풀을 뜯어 먹다가 그 구덩이에 빠지게 된다. 그러면 며칠 후에 그 양은 그 구덩이를 파놓은 사람의 것이 되고 만다.

이렇게 양 도둑들은 합법적인 방법으로 양을 도둑질해 갔다. 이것이 사탄의 생태이다. 사탄은 하나님의 양들을 도둑질하기 위해 '자기 목장'으로 유혹하고, 또 여기저기에 '구덩이'를 파 놓았다. 그렇게 해서 수많은 양을 도둑질해 갔다. 수많은 영혼이 사탄의 소유로 넘어가게 된 것이다. 그러한 우리를 사탄에게서 되찾아오기 위해서 예수님께서 이 땅에 오셨다. 그리고 값을 지불하시고 우리를 사탄에게서 다시 찾아오셨다. 놓임을 받게 하셨다. 그럼으로 다시는 사탄의 유혹을 받아 다른 목장으로 가는 일이 있어서는 안 된다. 곁길로 가다가 사탄이 파놓은 음부의 구덩이에 빠져서는 안 된다.

엎어져서 일어나지 못하는 양

양이 길을 가다가 다리를 잘못 디뎌서 순간적으로 삐끗하면서 넘어지는 수가 있다. 이렇게 넘어져 벌렁 뒤집어져서 등이 땅에 닿고 배가 위로 올라가게 되면 아무리 건강하고 몸집이 좋은 놈이라고 할지라도 혼자서 일어나지 못한다. 그렇게 뒤집혀진 상태에서 오래 있으면 위에 가스가 차고

혈액 순환이 잘 안 된다. 양은 일어나기 위해 버둥거리다가 탈진하고 만다. 이런 일이 한여름에 일어나면 탈수 현상이 일어나 목숨까지 위험해진다.

몸이 무겁고 뚱뚱한 놈이나 털이 수북한 양일수록 그렇게 넘어질 가능성이 크다. 힘이 세고 건강하더라도 일단 넘어지면 일어나지 못하는 것이 양이다.

> 그런즉 선 줄로 생각하는 자는 넘어질까 조심하라(고전 10:12).

우리도 마찬가지다. 스스로 자만해서는 안 된다. 자신을 과신해서도 안 된다. 항상 넘어지지 않도록, 실족하지 않도록, 시험에 들지 않도록 조심해야 한다. 깨어서 기도해야 한다.

만일 목자가 넘어져 있는 양을 빨리 발견하지 못하면 그 양은 얼마 지나지 않아 죽게 되거나 맹수의 밥이 되고 말 것이다. 그렇기 때문에 목자는 양이 보이지 않을 때는 즉시로 찾아나서야 한다. 우리가 신앙생활을 하면서 주님을 따라가다 보면 때로는 구덩이에 빠질 수도 있고, 때로는 넘어질 수도 있다. 실족할 수도 있다. 시험에 들 수도 있다. 우리의 목자 되시는 하나님은 우리가 잘못해서 구덩이에 빠졌을 때 우리를 건져 주시고, 우리가 엎어져서 일어나지 못할 때 우리를 일으켜 주신다. 그렇게 우리를 소생시키신다.

같이 있던 양들 가운데 지금 보이지 않는 양들이 있는가? 지금 어딘가에서 실족해서 일어나지 못하고 있는지 모른다. 빨리 찾아보아야 한다. 내일이면 너무 늦을 수도 있다. 오늘, 지금, 찾아나서야 한다. 빨리 가서 일으켜 주어야 한다. 그렇지 않으면 그들은 영원히 일어나지 못하고 말 것이다.

기억하라! 실족한 양들은 스스로 일어날 수 없다는 사실을. 우리가 일으켜 주기 전까지는 일어날 수 없다는 사실을.

25.
앞에 가는 양을
잘 따라가야 한다

목자 옆에서 따라가는 양들은 목자의 소리를 들을 수 있지만, 저 뒤에 따라오는 양들은 목자가 보이지도 않고 목자의 음성이 들리지도 않는다. 그러면 어떻게 목자를 따라가는가? 바로 앞에 가는 양들을 따라간다. 앞에 가는 양들 꽁무니를 따라가는 것이다. 그냥 생각 없이 따라간다. 그런데 앞에 가는 양이 구덩이에 빠졌다. 그러면 뒤따라가던 양이 "어! 구덩이에 빠졌네" 그러면서 자기도 구덩이에 빠진다고 한다. 그래서 아무 생각 없이 유행을 따라가는 사람을 보고 "sheep"이라고 부르는 것이다. 이것이 양이다.

2005년 7월 튀르키예에서 있었던 일이다. 26명의 목자가 같이 양을 치고 있었다. 그런데 그들이 모여서 아침을 먹고 있는 사이에 450마리나 되는 양들이 벼랑에 떨어져 죽는 일이 발생했다. 어떻게 된 일인가? 처음에는 한두 마리 양이 낭떠러지로 갔을 것이다. 그러자 다른 양들도 그들을 따라서 꼬리에 꼬리를 물고 따라갔을 것이다. 그러는 가운데 앞에 있는 양들은 뒤에서 밀려오는 양들에 의해 떠밀려서 낭떠러지에 떨어지고 말았던 것이다. 이렇게 해서 낭떠러지에 떨어진 양들은 모두 1,500마리나 되었다. 그런데 다 죽지는 않고 450마리만 죽었다. 처음에 떨어진 양들은 다 죽고, 나중에 떨어진 양들은 처음에 떨어진 양들의 사체가 수북이 쌓여서 쿠션 효과를 냈기 때문에 죽지 않고 살아날 수 있었던 것이다.

이처럼 앞에 가는 양, 다시 말해 교회 지도자가 정말 중요하다. 지도자들이 목회자를 잘 따라가기만 하면 나머지 교인들도 다 잘 따라오게 되어 있다. 그러나 목회자를 따라가지 않고 다른 길로 가면 교인들도 그들을 따라 다른 길로 가게 된다.

물론, 모든 교인이 아무 목회자를 보고 따라가는 것이 아니다. 교인들 가운데는 자기가 따라갈 교회 지도자들을 정해 놓고 그들을 따라가는 사람이 많다. 이 때문에 목회자는 교회 리더들을 잘 세워야 한다. 그렇지 않으면 낭패를 보기 십상이다.

양은 자기 목장의 목자를 따라가게 되어 있다. 그러므로 목자를 잘 세워야 한다. 그렇지 않으면 양을 잘 돌보라고 세워 놓은 목자가 양 도둑이 되어 양들을 이끌고 다른 목장으로 가는 일이 일어난다.

교인들도 자신이 누구를 따라갈 것인가를 잘 선택해야 한다. 예수님이 말씀하신 것처럼 소경이 소경을 인도할 수 없다. 소경을 따라가게 되면 같이 구덩이에 빠지는 수가 있다. 같이 벼랑에 떨어지는 수가 있다. 같이 망하는 수가 있다.

26.
목에 종을 단 양

요즘 베두인은 나귀를 타고 다니면서 양을 친다. 그런데 나귀 목에 방울이 달려 있다. 그래서 나귀가 움직일 때마다 방울 소리가 나고, 양들은 그 소리를 듣고 따라간다.

요르단의 와디 럼(Wadi Rum) 사막에서 사는 베두인 장막에 머물 기회가 있었다. 그때 만난 베두인은 양과 염소를 합쳐서 30여 마리를 키우고 있었다. 그런데 한 마리 양의 목에 종이 달려 있었다. 다른 양들은 종소리를 듣고 그 양을 따라가는 것을 보았다. 그 양은 그 양무리의 리더였던 것이다. 이런 양을 영어로 '벨웨더'(bellwether)라고 부른다. 이 단어는 리더를 지칭하는 말로서, 앞서서 길을 인도하는 사람이란 뜻으로 사용되고 있다.

그러면 어떤 양에게 종을 달아 줄까? 양들 가운데도 리더 역할을 하는 양이 있다. 양과 염소를 같이 키울 때는 염소가 양들의 리더 역할을 한다.

양 떼에 앞서 가는 숫염소같이 하라 (렘 50:8).

예레미야 말씀에서는 염소가 앞서가면 양들이 뒤따라가는 모습으로 그리고 있다. 주로 염소가 훨씬 강하고 활달하며 용감하기 때문이다. 그래서 양들은 무섭거나 갑작스런 일이 발생하면 우선 염소 주변으로 몰려온다고 한다.

내가 목자들에게 노를 발하며 내가 숫염소들을 벌하리라(슥 10:3).

하나님은 목자를 벌하실 것이라고 경고하시면서 목자와 더불어 숫염소들도 벌하실 것이라고 하신다.

왜 목자와 숫염소들을 벌하시겠다는 것인가? 그들은 양들의 리더이기 때문이다. 목자뿐만 아니라 염소도 양들의 리더 역할을 한다. 그래서 영어 성경에는 숫염소들을 "leaders"로 번역한 성경도 있다.

대체적으로 양이나 염소에게 종을 달아줄 때, 암컷보다는 수컷에게 종을 더 많이 달아 준다고 한다. 대개 양이 100마리면 암양은 90마리, 숫양은 10마리 정도다. 숫양들은 암양보다 강해서 암양들이 위험에 처하면 도와준다. 어떤 사람이 사진을 찍으려고 암양에게 다가가자 숫양들이 모여서 그 양을 빙 둘러쌌다고 한다. 낯선 이방인이 해를 끼치지나 않을까 해서 보호하기 위해 모여든 것이다.

요즘에는 종 달아 줄 양을 어렸을 때부터 나귀 옆에 따라다니게 하면서 훈련을 시킨다고 한다. 목자와 나귀 그리고 종 단 양이 하나의 팀을 이루어 양 떼를 인도하는 것이다. 그런 경우는 거의 없지만 목자가 없을 경우에는, 양들은 종 단 양을 따라가고, 종 단 양은 나귀를 따라간다고 한다.

목자가 리더 양의 목에 종을 달아 주듯이, 하나님께서도 교회의 리더들에게도 이런 종을 달아 주셨다. 교인들은 리더들의 종소리를 듣고 그들을 따라간다. 사실상 양(교인)들 가운데는 목자(목사)를 따라가는 양보다는 다른 양(교회 리더)을 따라가는 양이 훨씬 많다. 앞에 가는 양을 따라가는 것이다. 그러기에 앞에 가는 양이 잘못 가면 뒤따라가는 양들도 잘못된 길로 가게 되어 있다. 그래서 교회의 리더들이 중요한 것이다.

만일 종을 달아 준 리더 양이 잘못된 길로 가면 다른 양들도 다 그 양을 따라 잘못된 길로 가게 된다. 그 양이 벼랑에 가서 자살이라도 하는 날에는 다른 많은 양도 그날 장례식을 치러야 할 것이다. leader sheep(리더 양)의 leadership(리더십)이 얼마나 중요한지 모른다.

지도자들을 잘못 세워서 낭패를 보는 교회가 얼마나 많은가? 목자(목사)는 누구의 목에 종을 달아 줄 것인가를 신중하게 생각해야 한다. 그러나 올바른 리더에게 종을 달아 주면 목자가 크게 수고하지 않아도 교회 전체가 바른 길로 가게 되어 있다.

종 단 양들이 목자의 역할을 대신하기도 하지만 어디까지나 양은 양이다. 종 단 양이 목자가 될 수는 없다. 다시 말해 종 단 양도 목자의 보호와 돌봄이 필요하다. 그런데 어떤 종 단 양들은 자기가 목자인 줄로 착각을 한다. 그래서 목자의 보호와 인도가 필요없다고 생각한다. 목자의 돌봄을 받지 않으려고 한다. 목자에게서 독립하려고 한다. 목자를 따라가지 않고 자신이 목자가 되어 다른 양들을 인도하려고 한다. 자신을 목자로 착각하는 것이다. 종 단 양도 목자를 따라가지 않으면 길을 잃어버리게 된다.

아이들은 어렸을 때는 부모가 돌보아준다. 그러나 커가면서 스스로의 힘으로 일어서게 된다. 그러다가 나중에는 완전히 독립하게 된다. 부모를 의지하지 않고 자신의 힘으로 살아간다. 나중에는 자녀들이 부모를 돌보지 않는가?

그러나 양은 그렇지 않다. 어린 양이나 다 자란 양이나 건강한 양이나 병 든 양이나 리더 양이나 보통 양이나 다 목자의 돌봄이 절대적으로 필요하다. 종 단 양들은 자신이 양들의 리더이지, 목자가 아니라는 사실을 잊어서는 안 된다. 양이 양을 인도하다가는 다 구덩이에 빠지게 된다. 다 같이 길을 잃게 된다.

27.
목자는 수시로
양의 숫자를 세어야 한다

잃은 양의 비유에서 목자는 100마리의 양을 치고 있었다. 목자 한 사람에게 100마리의 양은 많은 것이었을까, 아니면 보통이었을까? 보통 초지에서는 유능한 목자가 500마리까지 혼자서 다룰 수 있으나 광야에서는 200마리에서 많게는 500마리까지 다룰 수 있다고 한다. 100마리 양은 목자 혼자서 힘들지 않게 칠 수 있는 무리이다.

그러나 모든 사람이 몇백 마리씩 양을 키우는 것은 아니다. 베두인 가운데는 다른 사람들의 양을 키워 주는 삯꾼 목자가 있다. 그들은 한 사람의 양만 아니라 여러 사람의 양들을 같이 키워 준다. 이런 경우 한 사람이 200마리에서 500마리까지 돌보기도 한다.

내가 방문했던 베두인은 26마리의 염소와 4마리의 양을 키우고 있었다. 염소가 양보다 훨씬 많았다. 그 이유를 물으니, 염소가 양보다 더 가치 있기 때문이라고 했다. 베두인들은 양과 염소를 같이 키우는데, 특별한 경우에는 염소만 키우는 사람도 있다. 한 예로, '사해 사본'을 발견한 목자는 염소만 56마리를 치고 있었다.

보통 양과 염소 무리 가운데 90퍼센트는 암놈이고, 10퍼센트 정도만이 수놈이다. 새끼를 많이 낳도록 하기 위해 그런 비율을 유지하는 것이다.

양은 좋은 조건에서는 일 년에 두 번 새끼를 밸 수 있다. 그렇다고 해서 일 년에 목장이 두 배씩 불어나는 것은 아니다. 새끼를 뱄다가 유산할 수도 있고, 낳다가 죽을 수도 있고, 젖이 부족해서 새끼 양이 죽을 수도 있고, 병에 걸려 죽을 수도 있다. 여러 가지 이유로 1년에 보통 10퍼센트 정도 양이 불어난다고 한다. 야곱은 교미를 시키는 양마다 새끼를 낳아 그의 양 떼가 심히 많아졌다고 했다(창 30:35-43). 성경에서 새끼를 많이 낳는 것은 대표적인 축복 가운데 하나다(신 8:13; 겔 36:37; 렘 23:3).

1947년 어느 날 한 아랍인 목동이 염소를 치다가 낮 11시에 수를 세어 보았다. 그런데 56마리가 되어야 하는 염소가 55마리밖에 없었다. 다시 세어 보았으나 마찬가지였다. 그가 염소들의 숫자를 세어본 것이 이틀 전이었다. 그는 매일 점검을 해야 했지만, 그렇게 하지 않았던 것이다. 겁이 덜컥 난, 이 목동은 잃어버린 염소를 찾아서 계곡을 뒤졌다. 그러다가 우연히 동굴 속에서 발견한 것이 '사해 사본'이었다. 잃어버린 염소 한 마리를 찾다가 우연히 이천 년 동안 감추어졌던 보물을 발견하게 된 것이다.

잃은 양의 비유에서도 양을 세다가 잃어버린 것을 발견했는데, 이렇게 목자들은 수시로 양을 세었다. 혹시라도 잃어버린 양이 있지 않은지 점검하기 위해서였다.

베두인 가운데는 다른 사람의 양을 돌보는 목자가 많다. 이들은 특별히 한 마리 양도 잃지 않도록 신경을 써야 했다. 잃어버린 양에 대해서는 배상을 해야 하기 때문이다.

이스라엘에서는 주로 고산지대와 광야에서 양을 치기 때문에 양을 잃었을 경우에는 시간이 양의 생사를 좌우한다. 양이 목자를 놓치고 무리에서 떨어지면, 맹수들의 밥이 되는 것은 시간 문제다. 목자가 보이지 않으면 양은 길을 잃고 당황하게 된다. 잘못하면 낭떠러지에 떨어져 죽고 만다. 그렇기 때문에 목자는 수시로 양의 숫자를 세어야 하며, 양을 잃은 것

최초로 쿰란 사본이 발견된 동굴 안에 짐승이 들어가 있는 모습을 찍었다

을 알게 되면 즉시로 양을 찾아나서야 한다.

　예수님의 비유에서도 이미 어둑어둑해져 가는데도 목자가 양을 찾으러 나섰다. 목자 잃은 양은 하룻밤조차 넘기기 어렵다. 그렇지 않고 다음 날 아침 잃은 양을 찾으러 가면, 뼈밖에 찾지 못할 것이다. 잃은 양이 있다면 머뭇거릴 시간이 없다. 즉시로 찾으러 나서야 한다. 내일이면 너무 늦다. 시간이 생명이다.

28.
목자는 한 마리 양도 잃어버려서는 안 된다

너희가 그 연약한 자를 강하게 아니하며 병든 자를 고치지 아니하며 상한 자를 싸매 주지 아니하며 쫓기는 자를 돌아오게 하지 아니하며 잃어버린 자를 찾지 아니하고 다만 포악으로 그것들을 다스렸도다 목자가 없으므로 그것들이 흩어지고 흩어져서 모든 들짐승의 밥이 되었도다 내 양 떼가 모든 산과 높은 멧부리에마다 유리되었고 내 양 떼가 온 지면에 흩어졌으되 찾고 찾는 자가 없었도다 (겔 34:4-6).

주 여호와께서 이같이 말씀하셨느니라 나 곧 내가 내 양을 찾고 찾되 목자가 양 가운데에 있는 날에 양이 흩어졌으면 그 떼를 찾는 것 같이 내가 내 양을 찾아서 흐리고 캄캄한 날에 그 흩어진 모든 곳에서 그것들을 건져낼지라 (겔 34:11-12).

요르단의 페트라 근처에서 양을 치는 한 베두인이 이런 말을 했다.

"1984년 이후로 한 번도 내 양이나 염소를 잃어버린 적이 없습니다. 잃어버렸을 때는 반드시 찾을 때까지 찾았습니다. 어떤 때는 죽은 채로 발견하기도 했지만 … . 그러나 딱 한 마리, 찾지 못한 양이 있습니다. 나는 지금도 가끔 잠자리에 들기 전에 그 양을 생각하곤 합니다."

시나이반도 남쪽에 살고 있는 한 베두인의 이야기이다. 일곱 살짜리 아이가 염소를 치다가 두 마리를 잃어버렸다. 찾다 찾다가 못 찾아서 집으로 그냥 돌아왔다. 그러자 아버지의 불호령이 내렸다.

"당장 나가서 잃어버린 염소를 다 찾아와라. 그렇지 않으면 집에 들어올 생각하지 마라."

이 아이는 그날 밤으로 집에서 쫓겨났다. 이틀 동안 온 들과 산을 다 찾아 헤맸지만 찾지 못했다. 그래서 할 수 없이 집으로 돌아왔다. 그런데 집으로 돌아와 보니 잃어버렸던 염소 두 마리가 이미 돌아와 있는 것이 아닌가?

알고 보니 그 염소들은 잃어버린 다음 날 스스로 집을 찾아서 돌아왔던 것이다. 그러나 그 아버지는 이 사실을 아들에게 알리지 않았다. 맡겨진 염소에 대해 책임 지는 법을 배우도록 하기 위해서였다.

29.
다시 찾은 양을
품에 안고 가는 목자

　요르단의 와디 럼 사막에 살고 있는 베두인을 방문했을 때, 그 집에 다섯 살 정도 되어 보이는 남자아이가 어린양 한 마리를 번쩍 들어서 품에 안고는 우리에게 보여 주었다. 그래서 사진을 찍어 주었다.
　목자가 양을 어깨에 메거나 품에 안고 가는 모습을 그린 성화는 많이 볼 수 있다. 이런 모습은 초대 교회가 남긴 그림이나 조각, 부조에서도 많이 발견되어진다.
　예수님도 잃은 양을 찾으면 목자가 어깨에 메고 돌아온다고 하시지 않았는가? (눅 15:5) 잃은 양을 목자가 찾았을 때 대개는 양들이 완전히 지쳐 있다. 죽는 줄로만 알았다가 살았으니 얼마나 안심이 되겠는가?
　그러나 그 동안에 살기 위해 온 힘을 다 쏟았기 때문에 일어나 걸을 힘이 없다. 정신적으로도 공황 상태에 빠졌기 때문에 혼자서 걸을 수 없다. 그래서 목자는 그 양을 어깨에 메거나 품에 안고 오는 것이다. 양이 40킬로그램 정도 나간다고 할 때, 가볍지만은 않을 것이다. 그러나 목자는 다시 찾은 기쁨에 그 무게가 무겁게 느껴지지 않을 것이다. 어깨에 둘러멘 양에게서 고약한 냄새도 나겠지만, 그 냄새도 그렇게 싫지만은 않을 것이다. 그러나 그 목자가 주인이 아니라 삯꾼(고용한) 목자라면, 그 양은 목자를 골탕 먹인 것에 대한 대가를 톡톡히 치러야 할 것이다.

나사렛에 가면 1세기 예수님 당시의 나사렛을 재현해 놓은 '나사렛 마을'(Nazareth Village)이 있다. 성지 순례팀을 이끌고 방문한 적이 있는데, 갑자기 한 집사님이 통곡을 했다. 일행은 모두 무슨 일인가 해서 어리둥절했다. 알고 보니 바로 3일 전에 난 어린 양을 품에 안고 그렇게 통곡하는 것이었다. 3일밖에 되지 않은 양을 품에 안아 보니 예수님의 사랑이 실감났던 것이다. 나같이 연약한 양을 품에 안아 주시고 사랑해 주시고 돌보시는 예수님을 생각하며 감사해서 그 양을 품에 안고 통곡했던 것이다.

선한 목자 예수님을 그림 성화에 보면 예수님이 한 양을 품에 안고 있다. 예수님 품에 안긴 그 양이 누굴까? 바로 우리다. 선한 목자 되신 예수님은 언제나 우리와 동행하신다. 그러다가 우리가 더이상 걸을 수 없을 정도로 힘들고 지쳐 있을 때 주님은 우리를 안고 가신다.

〈모래 위의 발자국〉이라는 시가 있다.

어느 날 밤에 꿈을 꾸었네.
주와 함께 바닷가 거니는 꿈을 꾸었네.
하늘을 가로질러 빛이 임한 그 바닷가 모래 위에,
두 쌍의 발자국을 보았네,
한 쌍은 내 것, 또 한 쌍은 주님의 것,

거기서 내 인생의 장면들을 보았네,
마지막 내 발자국이 멈춘 그 곳에서,
내 인생의 길을 돌이켜 보았을 때

자주 내 인생 길에는 오직 한 쌍의 발자국만 보였네,
그 때는 내 인생이 가장 비참하고 슬펐던 계절이었네,

나는 의아해서 주님께 물엇네,
'주님, 제가 당신을 따르기로 했을 때
당신은 저와 항상 함께 하신다고 약속하였잖아요?
그러나 보세요, 제가 주님을 가장 필요로 했던 그때,
거기에는 한 쌍의 발자국 밖에 없었습니다.
주님은 저를 떠나 계셨나요?'

주님께서 대답하셨다네, '나의 귀하고 소중한 자녀여,
나는 너를 사랑하였고 너를 조금도 떠나지 않았단다.
너의 시련의 때, 고통의 때에 네가 본 오직 한 쌍의 발자국
그것은 나의 발자국이었느니라.
그 때 내가 너를 업고 걸었노라.

목자는 어린 양들이나 다리 다친 놈, 또는 아픈 놈이나 징계하느라고 다리를 부러뜨린 놈은 잘 따라오지 못하기 때문에 어깨에 메거나 품에 안고 간다. 하나님은 내가 힘들어서 따라가지 못할 때 그냥 잡아끌거나 채찍으로 때려서 가게 하시는 것이 아니라 나를 번쩍 들어서 어깨에 메고 가신다!

> 그는 목자같이 양 떼를 먹이시며 어린 양을 그 팔로 모아 품에 안으시며 젖먹이는 암컷들을 온순히 인도하시리로다 (사 40:11).

우리가 광야를 지나다가 더이상 걸을 수 없을 정도로 힘들고 지치면 주님은 우리를 안고 가신다. 결코, 버려두고 가지 않으신다. 앞에서 잡아끌지 않으신다. 뒤에서 카우보이들처럼 몰아치지 않으신다.

> 광야에서도 너희가 당하였거니와 사람이 자기의 아들을 안는 것같이 너희의 하나님 여호와께서 너희가 걸어온 길에서 너희를 안으사 이곳까지 이르게 하셨느니라 (신 1:31).

나를 안아 주시는 하나님!
그 하나님이 계시기에 우리가 광야를 무사히 통과할 수 있는 것이다.

제5부

의의 길로 인도하시는도다

30. 의의 길은 옳은 길?

의의 길로 인도하시는도다

"의의 길"하면 우리는 의로운 길을 먼저 생각하게 된다. 그러나 여기에서 "의의 길"은 '똑바로 나 있는 길'(straight way)을 의미한다. 양들이 산에 올라갈 때 비탈을 헉헉 대면서 곧장 올라가는 것이 아니고 지그재그식으로 올라간다. 그러면 훨씬 힘이 덜 들 것이다. 내려올 때도 마찬가지다. 곧바로 비탈로 내려오면 낭떠러지에서 떨어져 다치거나 죽는 양이 많이 생길 것이다. 그래서 올라갈 때와 마찬가지로 지그재그로 천천히 내려온다. 바로 이런 길을 "의의 길"이라고 부른다. 유대 광야에 가면 이런 길들이 산 여기저기에 나 있는 것을 쉽게 발견할 수 있다. 양들은 갔던 길로 계속 가는 습성이 있다. 그래서 천 년, 이천 년 다녀서 이런 길이 난 것이다.

목자는 양들의 안전을 위해서 "의의 길"(똑바로 평평하게 난 길)로 인도한다. 시간이 걸리기는 하지만, 그래도 한 마리의 양도 다치거나 죽거나 하

양들이 오랫동안 다녀서 난 길("의의 길")이 보인다

는 일이 없도록 하기 위해 이런 길로 인도하는 것이다. "의의 길로 인도하시는도다"라는 말은 가장 안전한 길로 인도한다는 뜻이다. 양을 배려해서 그런 길로 인도하는 것이다. 만일 목자가 자기 편하자고 양들이 산비탈로 직접 내려오게 하면 양들은 다 미끄러져서 다치거나 죽고 말 것이다.

우리는 지름길을 좋아한다. 빨리 가는 길을 좋아한다. 돌아가는 것을 싫어한다. 그러나 하나님은 돌아가더라도 안전한 길로 인도하신다. 이스라엘 백성은 40년 동안 돌고 돌아서 가나안 땅에 들어갔다. 그 이유 가운데 하나는 그들의 안전을 위해서였다. 지름길로 가면 당시에 가장 강력했던 블레셋 사람들과 전쟁을 해야 한다. 그래서 다른 길로 가게 하셨던 것이다(출 13:17).

하나님께서 우리가 돌아가게 하실 때는 다 이유가 있다. 반드시 지름길로 가는 것만이 좋은 것은 아니다. 하나님께서는 우리를 꼭 시온의 대로

의의 길은 옳은 길? 145

로만 인도하시는 분은 아니다. 때로는 한참 돌아가게도 하신다. 우리의 유익을 위해서!

물론 돌아갈 필요가 없는 사람들은 돌아가게 하시지 않는다. 그러나 필요하다면 돌아가게 하시는 분이다. 돌아가는 것도 하나님의 은혜이다. 우리를 "의의 길"로 인도하시기 위해 돌아가게 하시는 것임을 잊지 말라.

또한, "의의 길"은 '올바른 길'(right track, right trail)을 뜻한다. 목자는 양들을 잘못된 길이 아니라 올바른 길로 인도한다. 목자는 목적지를 안다. 길을 안다. 어떤 길로 가야 가장 좋은지 가장 안전한지 안다. 그리고 그 길로 인도한다. 바로 그 길이 "의의 길"이다.

"의의 길"은 목적지에 이르는 길을 말한다. 잘못된 길로 가면 목적지에 도달할 수 없다. 헤매게 된다. 고생만 하게 된다. 우리의 목자 되시는 하나님은 우리를 "의의 길"로 인도하신다. 길을 잘못 들어 우리를 데리고 우왕좌왕하지 않으신다. 그분은 길을 아신다. 어느 길로 가야 우리에게 좋을지 아신다. 가장 안전하고 가장 좋은 길로 우리를 인도하신다.

어떤 길이 목적지에 이르는 가장 확실한 길일까? 예수님의 인도를 따라가는 길이다. 그분은 틀림없는 분이시다. 그분은 가장 좋은 안내자이시다. 우리가 지금 예수님의 인도를 따라 살아가고 있다면 우리는 지금 올바른 길에 서 있는 것이다. 'right track'을 가고 있는 것이다. "의의 길"을 가고 있는 것이다.

31.
양들은 지독한 근시안이다

　리더는 길을 아는 사람이다. 길을 아는 사람만이 앞서서 갈 수 있다. 그래서 리더가 앞에서 길을 인도하는 것이다. 하나님께서 왜 모세를 출애굽의 지도자로 세우셨는가? 모세는 미디안 광야에서 40년을 보냈기 때문에 광야를 잘 안다. 그는 광야의 지도를 가지고 있는 사람이었다. 광야를 아는 사람만이 광야의 지도자가 될 수 있다. 광야를 아는 사람만이 광야를 무사히 통과해서 가나안 땅에 들어가게 할 수 있다. 그렇기 때문에 하나님께서 그를 출애굽의 리더로 세우셨던 것이다.

　모세는 광야 40년을 지나 가나안 땅에 들어가기 직전, 그의 리더십을 여호수아에게 넘겨주어야 했다. 광야에서 그 고생하면서 이스라엘 백성을 40년 동안이나 인도했는데, 하나님께서는 왜 그를 가나안 땅에 들어가지 못하게 하셨는가?

　여러 가지 이유가 있겠지만, 그중의 하나는 모세에게 광야의 지도는 있었지만, 가나안의 지도는 없었기 때문이다. 모세는 광야는 잘 알지만, 가나안은 몰랐다. 가본 적이 없기 때문이다. 가나안은 여호수아가 잘 알고 있었다. 그는 38년 전에 이미 가나안을 자세하게 정탐하고 왔다. 그는 가나안의 지도를 가지고 있었다. 그래서 가나안에 들어가기 직전 하나님께서 리더를 여호수아로 바꾸셨던 것이다. 가나안에서 필요한 사람은 모세가 아니라 여호수아였기 때문이다.

이렇게 리더는 길을 아는 사람이라야 한다. 지도를 가지고 있는 사람이라야 한다. 그런 사람만이 길을 인도할 수 있다. 목자는 길을 안다. 어디로 어떻게 가야 할지 안다. 어디로 가야 푸른 풀밭과 쉴 만한 물가가 있는지, 그곳으로 안전하게 가려면 어떻게 가야 하는지 알고 있다.

그러나 양은 어디로 가야 할지 길을 모른다. 시력이 좋지 않아서 15미터 정도밖에 못 본다. 그래서 스스로의 힘으로 풀밭을 찾아갈 수도 없다. 길을 잃기 쉽다. 길을 잃으면 혼자서는 절대로 찾아오지 못한다. 그렇기 때문에 목자가 찾으러 가는 것이다.

> 우리는 다 양 같아서 그릇 행하여 각기 제 길로 갔거늘 여호와께서는 우리 모두의 죄악을 그에게 담당시키셨도다 (사 53:6).

양은 멀리 보지 못한다. 양들은 눈앞에 있는 풀밭밖에 보지 못한다. 그 풀들을 뜯으면서 가다 보면 갑자기 벼랑이 나온다. 안전하다고 생각하고 갔는데, 가서 보니 벼랑 끝인 것이다. 그러면 당황하게 된다. 벼랑에 떨어져 죽기도 한다.

> 어떤 길은 사람이 보기에 바르나 필경은 사망의 길이니라 (잠 14:12).

양들은 시력이 약하기 때문에 목자를 바라보고 따라가는 것이 아니라 목자의 음성을 듣고 따라가거나 아니면 바로 앞에 가는 양을 따라간다.

> 자기 양을 다 내놓은 후에 앞서 가면 양들이 그의 음성을 아는 고로 따라오되 (요 10:4).

늑대가 20미터 정도 떨어져 있으면 양은 보지 못하기 때문에 안전하다고 생각한다. 안심을 한다. 그러나 위험한 상황이 아닌가? 영적으로도 마찬가지다. 영의 눈이 열리지 않으면 사탄이 우리를 노려보고 있는 것이 보이지 않는다. 스스로 안전하다고 생각한다. 사탄이 호시탐탐 우리를 노리고 있는데도 말이다.

양은 눈앞에 있는 것밖에 보지 못한다. 우리도 다 양처럼 근시안적으로 살아간다. 멀리 보지 못한다. 내일 일도 모르는 것이 우리의 삶이다. 아니 한 치 앞의 일도 알지 못하는 것이 우리의 모습이다.

사막에는 길이 없다. 그러나 베두인은 길을 알고 있다. 사막에서는 베두인을 따라가면 된다. 그들은 20년 전에 가본 길도 기억한다고 한다. 그리고 아주 특별한 방향 감각을 가지고 있어서 캄캄한 방 안에서도 방향을 분별할 수 있다고 한다. 그들은 어떻게 어디로 가야 하는지 알고 있다. 사막에서는 베두인이 바로 길이다. 사막을 지나면서 베두인에게 "여기 길이 어디 있습니까?"라고 물으면 이렇게 대답한다.

"내가 길입니다. 나만 따라오면 됩니다."

예수님이 하신 말씀과 똑같지 않은가?

> 내가 곧 길이요 진리요 생명이니 (요 14:6).

우리는 양과 같아서 길을 찾을 수 없다. 어느 길로 가야 할지 모른다. 그러므로 우리에게는 목자 되시는 주님의 인도가 절대적으로 필요하다. 주님이 인도하시는 곳으로만 따라가야 한다. 그래야 길을 잃지 않는다. 인생의 막다른 골목(dead end)에 이르지 않게 된다.

32.
목자는 리더이면서 가이드다

> 쉴 만한 물가로 인도하시는도다(시 23:2).
>
> 의의 길로 인도하시는도다(시 23:3).

2절의 "인도하시는도다"는 모든 영어 성경에서 "lead"라고 번역했다. 3절의 "인도하시는도다"는 "lead"라고 번역한 성경도 많고 "guide"라고 번역한 성경도 많다.

2절의 "인도하다"로 번역된 히브리어는 나할(*nahal*)이고 3절의 "인도하다"는 나카(*nachah*)이다. 나할은 주로 쉴 만한 곳, 좋은 곳으로 인도할 때 사용하는 단어로서 조심스럽게 또는 온순히(gently) 인도한다는 뜻이다. 또 이 단어에는 guide라는 의미도 들어 있다.

나카는 인도하다, 안내하다는 뜻이 있다. 나할과 나카는 비슷한 의미를 가지고 있다. 이 두 단어 속에는 모두 '인도하다', '안내하다'라는 의미가 들어 있어 구태여 구분할 필요는 없을 것이다. 우리가 시편 23편에서 사용한 이 두 단어를 통해서 알 수 있는 것은 목자는 리더이면서 동시에 가이드라는 사실이다. 이런 사실은 다음 구절에서도 확인된다.

> 주의 인자하심으로 주께서 구속하신 백성을 인도하시되(nachah, lead) 주의 힘으로 그들을 주의 거룩한 처소(naveh, pasture)에 들어가게(nahal, guide) 하시나이다 (출 15:13).

예루살렘은 산꼭대기에 있어서 평지가 거의 없다. 다 오르막길 아니면 내리막길이다. 골짜기 사이사이로 길이 나 있고, 산 중턱으로 길이 나 있어 똑바로 나 있는 길이 하나도 없다. 길이 이상하게 연결되어 있다. 큰길도 가다보면 골목길로 연결된다.

한번은 예루살렘에서 운전을 하다가 밤에 길을 잃어버려서 애를 먹은 적이 있다. 그래서 지나가는 택시를 붙잡고는 어디어디까지 가는데 길을 잃어버려서 그러니 앞장서서 가면 뒤따라 가겠노라고 했다. 그러나 생각했던 것보다 요금을 비싸게 요구해서 포기했다.

그래서 가게에 들어가서 길을 물어보았다. 가게 주인은 어떻게 가는지 알기는 하지만 너무 복잡해서 설명해 줄 수가 없다고 했다. 그러면 혹시 그쪽으로 가는 시내버스가 있느냐고 물었더니 노선 번호를 알려 주었다. 그렇게 해서 시내버스를 뒤따라 갔다. 시내버스니까 정류장마다 다 섰다. 그럴 때마다 나도 설 수밖에 없었다. 그렇게 해서 집을 찾아간 적이 있다.

시편 107편에 그려진 상황을 보자. 이스라엘 백성이 광야에서 길을 잃어버려 기진맥진하게 되었다. 길을 찾지 못하면 살아남을 수가 없다. 정신없이 길을 찾느라 기진맥진해 있다. 마실 물도 떨어졌다. 정신이 점점 혼미해져 가고 있다. 그러다가 쓰러지면 다시는 일어설 수 없게 되고 만다. 지금 그런 아주 절망적인 상황에 놓여 있다. 우리가 인생을 살다가 그런 절박한 일을 당할 때가 있다.

광야에는 지도가 없다. 길이 없다. 사막에서는 안내자가 절대적으로 필요하다. 광야에 들어갈 때는 가이드가 없으면 납치라도 해야 한다고 한다. 모세도 장인 호밥(이드로)에게 가나안까지 안내하는 가이드가 되어 달라고 사정을 했다.

> 우리를 떠나지 마소서 당신은 우리가 광야에서 어떻게 진 칠지를 아나니 우리의 눈이 되리이다(민 10:31).

이스라엘 백성이 40년 동안 광야에서 길을 잃지 않고 살아남을 수 있었던 것은 광야를 잘 아는 모세가 있었기 때문이다. 모세는 이집트 왕궁을 떠나 40년 동안 미디안 광야에서 살았다. 그는 광야를 잘 아는 사람이었다. 그렇기 때문에 하나님은 그를 사용하셨던 것이다. 왜냐하면, 광야를 아는 사람이라야 이스라엘 민족을 광야를 통과해서 가나안까지 인도해 갈 수 있기 때문이다. 이렇게 광야에서는 광야를 잘 아는 가이드가 절대 필요하다. 우리 인생도 마찬가지다. 우리가 인생 광야를 잘 통과해서 가나안에 들어가려면 좋은 가이드가 있어야 한다.

양들도 광야를 지나는 사람처럼 길을 모른다. 그러나 목자는 길을 안다. 어디에 푸른 초장이 있는지, 어디에 쉴 만한 물가가 있는지 안다. 그래서 양들을 그곳으로 인도해 간다. '목자'라는 히브리어 '라아'는 리더와 같은 의미로 사용한다. 그래서 왕이나 백성의 지도자들을 성경에서는 목자라고 부른다. 이와 같이 목자는 양들의 리더이다.

목자는 양들의 리더이면서 동시에 가이드이기도 하다. 양들과 함께 양들 옆에서 동행한다. 양들이 사망의 음침한 골짜기를 지날 때에는 그들 곁에서 그들과 같이 간다. 험한 산을 올라갈 때는 뒤에서 그들을 격려하면서 간다. 양들이 지칠 때에는 쉬었다 간다. 다리를 다친 양이 있으면 안고 간다.

33.
카우보이식 목자를 만나면 양은 불행하게 된다

　서부극을 보면 카우보이(cowboy)들이 먼지를 일으키면서 쏜살같이 달리는 말을 타고 하늘을 향해 총을 빵빵 쏘아댄다. 그러면 소들은 놀라서 앞만 보고 죽어라고 달린다. 뒤에 처진 소들에게는 사정없이 채찍이 가해진다. 카우보이들은 소들을 거칠게 몬다. 목자들처럼 앞에서 인도하는 것이 아니라 뒤에서 몰아친다.

　양들을 소 몰듯이 몰아대는 카우보이식 목자들도 있다. 그러나 시편 23편에 나오는 목자는 그런 식으로 양들을 대하지 않는다. 목자가 앞서가면 양들이 목자의 음성을 듣고 뒤에서 따라간다. 절대로 목자가 뒤에서 몰아대지 않는다. 양들은 목자를 따라가지 목자에게 쫓겨가지 않는다.

　뉴질랜드 목장에서는 양을 수천 마리씩 키운다. 그런데 목자는 없고 대신 목장 관리인만 있다. 양들을 인도할 필요도 없다. 거대한 목장 안에 있기 때문이다. 때로 양들을 어느 한 곳으로 데리고 가야 할 때가 있다.

이럴 때는 어떻게 할까? 양몰이 개가 있다. 그 개들이 뒤에서 양들을 몰면 양들은 놀라서 달리기 시작한다. 양은 한 마리가 뛰기 시작하면 다 뛴다. 왜 뛰는지도 모르고 그냥 앞에 가는 놈들을 따라서 뛴다. 목자가 앞에서 인도하고 양들이 뒤에서 따라가는 모습을 뉴질랜드 목장에서는 볼 수 없다.

대관령 목장에서도 마찬가지다. 목자가 양들을 인도하는 것이 아니라 양몰이 개가 뒤에서 양들을 몰아댄다. 그러나 다행히도 이 개는 양들을 몰고 위협하기는 하지만 양을 무는 경우는 없다고 한다.

성지 순례를 간 사람들이 유대 광야를 지나다가 양 떼를 몰고 가는 목자를 만났다. 그런데 그 사람은 양을 인도하는 것이 아니라 뒤에서 몰고 오고 있었다. 막대기를 휘두르고 돌을 던지면서 …. 양들도 쫓기듯이 불안한 모습으로 뛰어가고 있었다. 그 사람은 언뜻 보기에도 결코 좋은 목자가 아니었다. 성경을 통해서 배운 그런 목자가 아니었다. 그래서 실망이 되어 가이드에게 물었다.

"요즘은 목자들이 저렇게 양을 치는가 보지요?"

그러자 가이드가 차를 세우고 그 사람에게 가서 물어보았다. 잠시 후에 가이드가 돌아와서 이렇게 말했다.

"저 사람은 목자가 아니고 푸줏간 주인이라고 합니다. 지금 저 양들을 사 가지고 도살장으로 끌고 가는 중이랍니다."

모든 목자가 다 좋은 목자는 아니다. 예수님은 "내 양을 먹이라"고 하셨는데 양을 먹이지 않고 양을 잡아먹는 목자들이 있다(겔 34:3). 또 예수님은 "내 양을 치라"고 하셨는데 양을 잘 치지 않고 마구 치는(때리는) 목자들도 있다. 이런 목자를 만나면 양들은 이렇게 탄식하게 된다.

'나의 목자는 카우보이니, 내 인생이 괴롭도다. 그가 나를 채찍으로 몰아대며 잠시도 쉬지 못하게 하는도다.'

좋은 목자는 양들을 함부로 대하지 않는다. 거칠게 대하지 않는다. 채찍을 휘두르지 않는다. 이용하지 않는다. 조종하지 않는다. 앞에서 인도한다. 배려한다. 천천히 안전하게 인도한다. "공격 앞으로"라고 명령을 내리는 것이 아니라 "나를 따라오라"고 한다. 지름길로 인도하다 양을 다치게 하거나 죽게 하지 않고, 시간이 걸리고, 돌아가더라도 안전한 길인 의의 길로 인도한다.

야곱이 20년 만에 에서를 만났을 때 에서가 그에게 동행하자고 하자 에서에게 먼저 앞서 가면 뒤따라가겠노라고 했다. 그 이유는 야곱에게 많은 양 떼가 있었기 때문이다. 에서와 같이 가다보면 양들을 재촉해야 하고 양들이 지치게 된다. 특히, 새끼들은 하루만 그렇게 몰아붙이면 다 죽고 만다.

> 내게 있는 양 떼와 소가 새끼를 데리고 있은즉 하루만 지나치게 몰면 모든 떼가
> 죽으리니 청하건대 내 주는 종보다 앞서 가소서 나는 앞에 가는 가축과 자식들의
> 걸음대로 천천히 인도하여 세일로 가서 내 주께 나아가리이다(창 33:13-14).

이런 목자가 좋은 목자다. 그는 양들을 몰아붙이지 않았다. 끌고 가지도 않았다. 새끼 양들을 배려해서 속도를 늦췄다. 한 마리도 너무 힘들어하거나 뒤떨어지지 않도록 속도를 조절했다.

그렇다. 목자는 양보다 너무 앞서가도 안 된다. 그러면 양들이 목자의 음성을 들을 수 없다. 목자는 앞에 가는 양들에게 기준을 두면 안 된다. 뒤에 따라오는 양들을 배려해야 한다. 다 함께 가야 한다. 전체를 염두에 두어야 한다. 뒤처진 한두 마리 양들을 위해서 속도를 늦출 필요도 있다. 시간이 걸리더라도 한 마리도 낙오하지 않고 다 목적지까지 갈 수 있도록 해야 한다. 목자는 양들의 속도에 자기의 속도를 맞춰야지, 양들로 하여금 자기 속도에 맞춰 따라오도록 해서는 안 된다.

> 그는 목자같이 양 떼를 먹이시며 어린 양을 그 팔로 모아 품에 안으시며 젖먹이는
> 암컷들을 온순히 인도하시리로다(사 40:11).

좋은 목자는 리더이면서 동시에 가이드가 되어 주는 목자이다. 목자는 때로는 앞서서 길을 인도하고 때로는 양들과 같이 가면서 인도해 주어야 한다. 때로는 맨 뒤에서 지친 양들을 몰아붙이는 것이 아니라 격려하면서 가야 한다. 그러나 카우보이식 목자는 앞서서 길을 인도해 주는 리더도 아니고 옆에서 같이 동행해 주는 가이드도 아니다.

두 가지 리더십 스타일이 있다. 카우보이식으로 밀어붙이는 리더십과 목자처럼 앞에서 인도하고 때로는 옆에서 같이 가는 목자 리더십이다. 카우보이처럼 목적을 성취하기 위해 사람들을 계속 몰아붙이는 리더십이

있고, 목자처럼 목적을 이루는 것보다 사람을 더 중요시하는 리더십이 있다. 성경이 말하는 리더십은 카우보이식 리더십이 아니라 목자 리더십이다. 예수님은 우리를 몰아붙이지 않으신다. 우리를 앞에서 인도하시고 옆에서 동행하시고 뒤에서 우리를 격려하신다. 몰아붙이는 하나님이 아니라 인도하시는 하나님이시다.

제6부

사망의 음침한 골짜기로 다닐지라도
해를 두려워하지 않을 것은
주께서 나와 함께하심이라

34.
목자의 인도를 따라가는데
왜 사망의 음침한 골짜기가 나오는가?

다윗 하면 우리는 목동에서 왕의 자리까지 올라간 사람으로만 생각한다. 왕의 자리에 오른 화려한 다윗만을 생각한다. 그러나 성경에서 가장 파란만장한 삶을 산 사람을 들라고 하면 바로 다윗을 들 수 있을 것이다. 수많은 전쟁을 해야만 했다. 전쟁이 끝나면 또 전쟁, 또 전쟁 또 전쟁 … 언제 죽을지 모르는 전쟁의 연속이었다. 또 10년 넘게 계속 그를 죽이려고 하는 사울을 피해서 도망다녀야 했다. 피를 말리는 일이었을 것이다.

첫 번째 부인은 그가 전쟁터에 나가 있었을 때에 다른 남자의 품으로 갔다. 하나님은 밧세바에게서 난 아들을 낳은 지 일주일 만에 데려가셨다. 다윗이 지은 죄의 대가였다. 아들 압살롬은 쿠데타를 일으켜 아버지인 다윗을 죽이고 자기가 왕이 되려고 하지 않았는가? 그때 다윗은 울면서 맨발로 감람산을 넘어 도망갔다.

다윗이 "내가 사망의 음침한 골짜기로 다닐지라도"라고 했는데, 정말 그는 이런 골짜기를 지나온 사람이다. 하나님을 목자로 삼고 살아왔지만,

사망의 음침한 골짜기를 지나야 했던 다윗이었다.

시편 23편 2절에서는 목자가 양들을 푸른 풀밭과 쉴 만한 물가로 인도한다고 했고, 3절에서는 의의 길로 인도하신다고 했는데, 4절에 보면 양들이 사망의 음침한 골짜기를 지나고 있다. 어떻게 된 일인가?

이스라엘에서 양을 가장 많이 치는 곳은 예루살렘에서 여리고로 내려가는 유대 광야다. 이곳은 험한 곳으로 이름이 나 있다. 풀 한 포기 없고 나무 한 그루 없는 산들은 깎아지른 듯한 절벽을 이루고 있다. 그 사이로는 깊은 계곡이 있다. 낮에도 햇빛이 잘 비치지 않는다. 강도들도 자주 출몰한다. 골짜기는 두세 시간 빼놓고는 항상 어두운 그림자가 드리워져 있다. 일찍 어두워진다. 음산하다. 어딘가에서 맹수들이 숨어 있다가 잽싸게 공격해 와서 양을 물어 갈지 모른다.

이런 곳에서 베두인들은 지금도 양을 치고 있다. 양이 이런 곳에서 혼자 뒤떨어지거나 길을 잃으면 맹수들의 밥이 되거나 길을 잃고 헤매다 낭떠러지에 떨어져 죽고 만다. 양들에게는 "사망의 음침한 골짜기"가 아닐 수 없다.

왜 목자가 이렇게 위험한 길로 양들을 인도할까? 목자가 길을 잘못 들어선 것일까? 아니다. 유대 광야는 험한 산지로 이루어져 있다. 목자는 양들에게 풀을 먹이기 위해 그런 험하고 가파른 산을 올라가야 한다. 그런 다음 다른 초지를 찾아서 또 움직여야 한다. 다른 산으로 올라가려면 골짜기로 내려와야 한다. 그리고 골짜기를 통과해서 건너편 산으로 다시 올라가야 한다. 양들을 더 좋은 풀밭으로 인도하기 위해 험한 골짜기를 지나는 것이다.

하나님이 우리를 어떤 곳으로 인도하실 때 거기에는 다 하나님의 계획과 뜻이 있다. 아무 계획 없이 우리를 어떤 곳으로 인도하시지는 않는다. 하나님이 아브라함을 갈대아 우르에서 가나안으로 인도하신 것도, 요셉을 이집트로 내려가게 하신 것도, 모세로 하여금 미디안 광야로 도망가게 하셔서 40년 동안 그곳에서 살게 하신 것도, 출애굽한 이스라엘 백성들을 직접 가나안으로 인도하지 않으시고 광야로 인도하신 것도 다 하나님의 뜻과 목적이 있어서 그렇게 하신 것이다.

양들이 푸른 풀밭에서 꼴을 마음껏 뜯어 먹고 누워서 쉬고 있다. 아무 것도 부족한 것이 없다. 슬슬 잠이 오는지 눈을 감았다 떴다 한다. 그런데 목자가 이제 되었으니 일어나 가자고 한다. 그러면 양들은 귀찮아한다. 싫어한다. 꿍얼댄다.

양에게는 다니던 길로만 계속 다니고, 한 곳에서만 계속 뜯어 먹으려고 하는 습성이 있다. 익숙한 곳에만 머물고 싶어한다. 그러나 한 군데에서 계속 풀을 뜯어 먹으면 풀 한 포기 남아나지 않는다. 완전히 뿌리째 다 뜯어 먹는다. 그러면 땅이 황폐해진다. 그래서 그렇게 되기 전에 다른 곳으로 옮겨가는 것이다. 그래야 또 나중에 그곳에 와서 풀을 뜯어 먹을 수 있다.

게으른 목자는 한 곳에 계속 머무른다. 양도 한 군데 있기를 좋아한다. 그러나 그러면 안 된다. 힘이 들어도 움직여야 한다. 주기적으로 이동해야 한다. '여기가 좋사오니' 하고 한 군데 머물러 있으면 안 된다. 당장은 좋을지 몰라도 나중을 위해서 떠나야 한다. 그렇게 하는 것이 풀밭도 살고, 양도 살고, 목자도 사는 길이다.

이렇게 움직이기 싫어하는 양들을 데리고 목자는 새로운 풀밭을 찾아 간다. 그러면 저 멀리서 상큼한 풀 냄새가 풍겨온다. 양들이 그 냄새를 맡고는 너무 좋아한다. 양이 제일 행복할 때가 바로 풋풋한 풀 냄새를 맡을 때이다. 귀찮지만 목자의 인도를 따라 "사망의 골짜기"를 지나온 보람이 있는 것이다.

우리는 "여기가 좋습니다. 이대로가 좋습니다" 하고 있는데 우리의 목자 되시는 하나님께서 "됐다, 그만 일어나라"고 하실 때가 있다. 우리를 다른 곳으로, 다른 환경으로, 다른 상황으로 인도해 가실 때가 있다. 그렇게 하실 때는 다 그럴 만한 이유가 있는 것이다. 당장은 귀찮고 어렵고 힘들기는 하지만 더 좋은 풀밭과 더 좋은 물가로 인도해 가시기 위해 그렇게 하시는 것이다. 우리에게 더 신선한 꼴을 먹여 주시고 더 시원한 생수를 마시게 하기 위하여 다른 곳으로 우리를 인도해 가시는 것이다.

지금 현재에만 머물러 있으면 안 된다. 현재에 안주하고 있으면 안 된다. 새로운 세계를 향해 떠날 수 있어야 한다. 갈대아 우르에 머물러 있으면 안 된다. 이집트에 머물러 있으면 안 된다. 가나안을 향해 가야 한다. 우리의 목자 되시는 주님의 인도를 따라가면 더 좋은 풀밭과 더 좋은 물가가 나올 것이다. 지금보다 더 좋은 축복된 미래가 우리를 기다리고 있을 것이다.

35.
사망의 음침한 골짜기는 죽음의 골짜기?

"사망의 음침한"으로 옮겨진 히브리어는 잘마베트(*zalmabet*)로서, 대부분은 이 단어가 '그림자'의 의미를 가진 '*zel*'과 죽음의 의미를 가진 '*mot*'의 합성어로 이해하여 '죽음의 그늘'을 뜻한다고 생각한다. 그러나 어떤 학자들은 히브리어에 이렇게 두 명사를 합성하여 한 단어로 사용하는 경우는 거의 없다고 하면서, '*zalmabet*'가 '*zelem*'에서 나온 단어로 이해한다. '*zelem*'은 '그늘지게 하다', '어둡게 하다'의 의미를 가지고 있다. 그래서 NLT, NIV, ESV에서는 "the darkest valley" 또는 "the valley of deep darkness"로 옮길 수 있다고 난하주에서 밝히고 있다.

다윗이 말한 이 골짜기는 꼭 사망의 골짜기만을 의미하는 것이 아니라 사망의 그늘이 짙게 드리워진 아주 어둡고 위험한 골짜기를 뜻하는 것으로 보인다. 이 골짜기는 죽음과도 같은 어두운 인생의 골짜기, 암흑과도 같은 인생의 골짜기, 죽음의 그림자가 짙게 드리운 인생의 골짜기를 뜻하는 시적인 용어로 이해하면 될 것이다. 그러나 우리말 번역에서는 어두운 골짜기라는 뉘앙스는 거의 풍기지 않는다. 죽음만을 연상하게 만들고 있다. 더군다나 "그늘"도 "음침한"으로 번역하여 더더욱 그렇다.

유대 광야는 험하고 높은 산으로 이루어져 있다. 산꼭대기에서 하루 종일 머물다 저녁때가 되어 집으로 돌아가기 위해 목자가 양들을 이끌고 내려온다. 그러다보면 해는 지고 점점 어두워질 때가 있을 것이다. 골짜기로 내려오면 그림자들에 의해 더 어두워진다. 꼭 저녁때가 아니더라도 유대 광야의 골짜기는 낮에도 그늘 때문에 어둡다.

이렇게 그림자로 인해 어두워진 골짜기를 지날 때 잘못하면 이 어두운 골짜기는 사망의 골짜기로 변할 수도 있다. 양 무리에게서 처지거나 벼랑으로 굴러 떨어지면 영락없이 사망의 골짜기가 되고 마는 것이다. 이 때문에 양들은 잔뜩 긴장을 한다. 그러나 목자가 있기 때문에 양들은 이렇게 고백할 수 있다.

"내가 비록 죽음의 그늘 골짜기로 다닐지라도, 주께서 나와 함께 계시고, 주의 지팡이와 막대기로 나를 위로해 주시니, 내게는 두려움이 없습니다."

어떤 목사님은 우리가 사망의 그림자가 짙은 골짜기를 지나더라도 두려워할 필요가 없는 것은 그림자는 실체가 아니기 때문이라고 설교한다. 그러나 그런 해석은 잘못된 것이다. 왜냐하면, 실체가 없는 그림자는 없기 때문이다. 사자의 그림자가 나타났다고 하자. 그러면 내 뒤에 지금 사자가 와 있는 것이다. 그림자는 단순히 그림자가 아니다. 실체와도 같은 것이다. 사자 그림자를 보고 이것은 그림자일 뿐이니까 두려워할 필요가 전혀 없다고 생각하면 사자의 밥이 되기 싶다.

시편 23편 4절에 숨은 그림이 하나 있다. 무엇일까? 맹수들이다. 그들은 지금 어둠 가운데 숨어 있기 때문에 보이지 않는다. 양들이 어두운 골짜기를 지나면서 두려워하는 진짜 이유는 바로 그 맹수들 때문이다. 그들이 어디에 숨어 있는지, 또 언제 어디서 그 맹수들이 뛰쳐나올지 모르기 때문에 두려워하는 것이다.

목자가 양들을 데리고 어두운 골짜기를 다닐 때 양들만 두려운 것이 아니다. 목자라고 왜 두렵지 않겠는가? 골짜기를 지나는데 사자라도 나타나면 양들이 다 혼비백산해서 도망가다 벼랑에 떨어져 죽게 되고 말 것이다. 또 사자가 목자를 공격할 수도 있는 것 아닌가? 그러므로 어두운 골짜기를 지날 때는 죽음을 생각하게 된다. 그래서 더더욱 두려워지는 것이다.

양들은 어두움을 두려워한다. 맹수들이 주로 밤에 많이 나타나기 때문이다. 밤은 맹수들이 활동하는 시간이다. 성경에서도 밤은 사탄이 역사하는 시간으로 나타난다. 사탄이 밀밭에 몰래 가라지를 뿌리는 시간도 밤이다. 도둑이 오는 것도 밤이다. 가룟 유다에게 사탄이 들어가 예수님을 팔아넘기게 한 것도 밤이고, 로마 군병들이 예수님을 잡아간 것도 밤이었다.

> 내가 날마다 너희와 함께 성전에 있을 때에 내게 손을 대지 아니하였도다 그러나 이제는 너희 때요 어둠의 권세로다 하시더라 (눅 22:53).

사람들이 죄 짓는 시간은 대개가 밤이다. 사탄이 활개치는 시간이 밤이기 때문이다. 그러므로 우리는 시험에 들지 않도록 깨어서 기도하고 있어야 한다. 또한, 어둠은 사탄이 다스리는 곳이다.

> 이 무익한 종을 바깥 어두운 데로 내쫓으라 거기서 슬피 울며 이를 갈리라 하니라 (마 25:30).

> 그 나라의 본 자손들은 바깥 어두운 데 쫓겨나 거기서 울며 이를 갈게 되리라 (마 8:12).

> 임금이 사환들에게 말하되 그 손발을 묶어 바깥 어두운 데에 내던지라 거기서 슬피 울며 이를 갈게 되리라 하니라 (마 22:13).

어둠은 사탄의 영역이다. 우리가 어둠 가운데 있을 때 사탄은 역사한다. 빛의 자녀들로서 빛 가운데 거해야 어둠의 주관자인 사탄이 역사하지 못한다.

요한복음 1장에 어둠이 빛을 이기지 못한다고 했다. 어둠은 세상이다. 사탄의 세력이다. 빛은 예수 그리스도이시다. 어두운 세상에 빛으로 오신 분이 예수님 아닌가?

세상은 어둠이고 예수님은 빛이기 때문에 세상이 빛 되신 예수님을 싫어했다. 영접하지 않았다. 모든 어둠이 다 드러나기 때문이다. 그래서 이 어둠의 세력이 예수님을 십자가에 못 박아 죽였다.

예수님이 십자가에 못 박혀 죽으시는 순간에 온 땅에 어둠이 몰려왔다. 대낮인데도 태양이 그 빛을 잃고 캄캄하게 되었다. 빛 되신 예수님이 무덤에 묻히게 되었다. 그리고 하루가 지나고 이틀이 지나고 사흘째 되던 날 아침, 예수님께서 캄캄한 어둠의 무덤에서 다시 살아나셨다. 어둠이 빛을 이길 수 없었던 것이다.

사망의 음침한 골짜기를 다닐 때 어둠의 세력이 당신의 마음을 차지하지 못하도록 하라. 당신의 심령 가운데서 모든 어둠을 다 내어 쫓으라. 당신의 삶 가운데서 모든 어둠을 다 내어 쫓으라.

어떻게 어둠을 쫓아낼 수 있을까? 사실 쫓아낼 수도 없고, 쫓아내려고 할 필요도 없다. 빛 되신 예수님이 우리 안에 들어오시면 우리 안에 있는 모든 어둠은 자동적으로 물러가게 되어 있다.

우리가 죽음과도 같은 어둡고 캄캄한 골짜기를 지날 때, 우리의 목자 되시는 주님이 동행하시기 때문에, 그분이 막대기와 지팡이로 우리를 지켜 주기 때문에, 우리는 아무런 해도 받지 않고 무사히 그 골짜기를 통과할 것이다. 우리가 인생의 어두운 밤을 지날 때, 빛 되신 예수님이 우리 곁에 계시기 때문에, 빛으로 우리가 가는 길을 환하게 비춰 주시기 때문에, 우리는 조금도 어둠을 두려워할 필요가 없다. 우리가 인생의 어두운 밤을 만났을 때도 주님의 빛 가운데 거하면 어떤 위험한 일도 당하지 않을 것이다. 왜냐하면, 어둠의 세력들은 빛을 싫어하기 때문이다. 빛을 두려워하기 때문이다. 빛을 피하기 때문이다.

36.
양이 있는 곳에는 반드시 목자도 함께 있다

양만 있는 그림을 본 적이 있는가? 양이 있으면 거기에는 반드시 목자가 있다. 양은 목자 없이는 절대로 생존할 수 없는 존재이기 때문이다. 양은 스스로 할 수 있는 것이 별로 없다. 먹는 것조차 스스로 해결할 수 없다. 이 때문에 항상 목자가 양들 곁에 있어 주는 것이다. 양이 목자를 떠나는 순간 그는 죽은 목숨이 된다. 굶어 죽거나 길을 잃어버려 죽게 되거나 맹수의 밥이 되어 죽게 된다. 잃은 양의 비유를 보면 잃은 양을 찾기 위해 아흔아홉 마리를 그 자리에 두고 즉시로 찾으러 간다.

다음 날 아침 일찍이 찾으러 가면 되지 왜 그날 밤에 찾으러 갔는가? 양은 목자를 떠나서는 하룻밤조차 넘기기 어렵다. 다음 날 아침이면 너무 늦어 버린다. 길을 잃고 방황하다 어디 떨어져서 죽든지 구덩이에 빠져 죽든지 맹수의 밥이 되어 죽든지 할 것이다. 그러므로 그다음 날까지 기다릴 수 없었다. 이렇게 양의 생명은 100퍼센트 목자에게 달려 있다.

예수님이 태어나시던 날 밤 예수님 탄생 소식이 베들레헴 들판에서 한밤중에 양을 치던 목자들에게 맨 먼저 전해졌다. 그들은 자지 않고 깨어서 자기 양 떼를 지키고 있었다. 그러나 그 사람들만 밤중에 자지 않고 깨어서 양을 지키는 것은 아니었다. 지금도 목자들은 밤에 제대로 자지 못하고 양을 지킨다. 깜박 잠이 들면 늑대가 와서 양들을 잡아가기 때문이다. 그래서 목자의 수칙 가운데 하나는 밤에도 한눈을 뜨고 자야 한다는 것이다.

어떤 목사님이 새벽기도회 나가서 기도하다가 비몽사몽 가운데, "하나님, 지난밤 안녕히 주무셨어요?"라고 인사를 했다고 한다. 그랬더니 하나님이 이렇게 대답하셨다고 한다.

"한숨도 못 잤단다."

"아니 무슨 일 있으세요?"

"일은 무슨 일, 너를 지키느라고 한숨도 못 잔 거지."

> 여호와께서 너를 실족하지 아니하게 하시며 너를 지키시는 이가 졸지 아니하시리로다 이스라엘을 지키시는 이는 졸지도 아니하시고 주무시지도 아니하시리로다 (시 121:3-4).

여기서 '지킨다'라는 말은 목자들이 양을 지킬 때 쓰는 표현이다. 하나님은 양을 지키기 위해 밤에도 자지 않는 목자처럼 그렇게 당신의 자녀들을 지키신다. 양이 움직이면 동시에 늑대나 하이에나도 같이 움직인다.

그러나 그들이 먹이를 코앞에 두고도 잡아먹지 못하는 이유는 무엇인가? 목자가 그들과 함께 있기 때문이다. 맹수가 노려보고 있는데도 양들이 마음 편하게 꼴을 뜯어 먹고 쉴 수 있는 것은 목자가 그들과 함께 있기 때문이다. 사탄이 우는 사자처럼 으르렁거리며 우리를 노리고 있지만, 사탄이 감히 우리에게 손대지 못하는 것은 우리의 목자 되시는 예수님이 우리와 함께 계시기 때문이다. 하나님이 우리를 지켜 주시기 때문이다.

2천 마리나 되는 양을 가진 사람이 있었다. 그는 여러 목자를 고용해서 양을 치고 있었다. 그에게 물었다.

"당신은 많은 양을 가지고 있는데 그 양들과 얼마나 자주 접촉을 하십니까?"

"나는 매일 내 양들과 함께 있습니다. 여름에는 그들과 함께 야외에서 삽니다. 목자가 양들과 함께 있지 않으면 그 사람은 목자가 아닙니다."

고용한 목자가 여럿 있었고, 목자들이 양을 다 돌보아 주기 때문에 직접 양을 돌볼 필요가 없었다. 그러나 그는 항상 양들과 같이 있었다. 이것이 바로 목자와 양의 관계이다.

목자는 양들을 원격 조종하지 않는다. 사무실에 앉아서 지시하지 않는다. 목자는 항상 양과 함께 있다. 양들이 항상 볼 수 있는 곳에 있다. 그래야 양들이 안심을 한다. 그렇지 않으면 양들이 불안해 한다. 그래서 목자에게는 하루도 휴일이 없다. 1년 365일, 하루 24시간 양들과 같이 있다. 같이 움직인다. 같이 산다.

삯꾼 목자는 양들을 돌보다가 맹수가 습격해 오면 '걸음아 날 살려라' 하고 도망간다. 그러나 예수님은 삯꾼 목자가 아니다. 선한 목자이시다. 우리를 위해서 자기 목숨까지 내놓은 분이시다. 그분은 결코 우리를 홀로 내버려 두지 않으신다. 어떤 일이 있어도 우리를 지켜 주시는 분이시다. 우리가 사망의 음침한 골짜기를 지날 때에 우리와 함께 그 골짜기를 지나가시는 분이다.

양들에게 목자가 옆에 있다는 사실보다 더 든든한 것은 아무것도 없다. 양은 목자만 옆에 있으면 늑대가 눈앞에 있어도 안심하고 꼴을 뜯어 먹는다. 목자만 옆에 있으면 사망의 음침한 골짜기를 지날 때도 두려워하지 않는다. 목자가 책임져 줄 것을 알기 때문이다. 목자는 결코 양을 홀로 내버려 두지 않는다.

하나님은 광야에서 목자같이 이스라엘 백성을 인도하셨다고 했다.

> 그가 자기 백성은 양같이 인도하여 내시고 광야에서 양 떼같이 지도하셨도다 (시 78:52).

목자가 양을 인도하듯이 하나님께서 광야의 이스라엘 백성을 인도하셔서 광야를 지나 가나안 땅에 들어가게 하셨다는 것이다.

하나님께서 광야에서 이스라엘 백성을 어떻게 인도하셨는가? 구름기둥과 불기둥으로 인도하셨다. 목자가 앞에 가면 양이 뒤따라가듯이 구름기둥이나 불기둥이 앞서 가면 이스라엘 백성은 그것을 따라갔다.

> 여호와께서 그들 앞에서 가시며 낮에는 구름기둥으로 그들을 인도하시고, 밤에는 불기둥으로 그들에게 빛을 주사 낮이나 밤이나 진행하게 하시니(출 13:21).

영어 성경이 원문에 훨씬 가깝게 번역했다.

> And the LORD went before them by day in a pillar of a cloud, to lead them the way; and by night in a pillar of fire, to give them light; to go by day and night(Exo 13:21).

단순히 하나님께서 낮에는 구름기둥으로 밤에는 불기둥으로 인도했다는 의미가 아니다. 하나님께서 낮에는 구름기둥 가운데서(in), 밤에는 불기둥 가운데서(in) 걸어가셨다는 의미다.

랍비들의 해석에 따르면, 거대한 구름기둥과 불기둥은 하나님의 발이라고 한다. 앞에서 하나님이 뚜벅뚜벅 걸어가시는 것이다. 그런데 사람들은 하나님을 볼 수는 없다. 발만 보이는 것이다. 그리고 이스라엘 백성은 그 발자국을 따라서 갔다는 것이다. 그 발자국을 따라가며, '하나님이 우리와 함께하시는구나!' 생각했던 것이다.

　해가 지고 어두워지면 어둠이 온 세상을 감싼다. 그러나 사실은 어둠이 온 세상을 덮는 것이 아니라 하나님께서 온 세상을 안고 계신 것이다. 사랑의 날개 아래 품어 주시는 것이다. 우리에게 어둠이 닥칠 때 하나님은 우리를 은혜의 날개 아래 감춰 주신다. 그 어둠 가운데서, 그 사랑의 날개 아래서 우리는 평안과 안식을 누리게 된다. 그러므로 주변의 온 세상이 어둠에 덮이더라도 두려워하거나 염려하지 말라. 하나님은 우리가 인생의 밤을 만났을 때 우리를 홀로 내버려 두지 않으시고, 어둠 속에서 우리를 안아 주시고, 품어 주시고, 감싸 주시고, 우리를 인도하시며, 우리 곁에서 우리와 함께 계시고 우리와 동행하신다.

제7부

주의 지팡이와 막대기가
나를 안위하시나이다

37.
막대기와 지팡이

목자가 항상 가지고 다니는 것이 둘 있다. 지팡이와 막대기다. 그런데 누구나 다 "지팡이와 막대기"라고 말하지 "막대기와 지팡이"라고 말하지 않는다. 지팡이가 먼저다. 목자의 상징이 지팡이가 아닌가? 또 시편 23편에 "주의 지팡이와 막대기가 나를 안위하시나이다"로 되어 있지 않는가? 그러나 모든 영어 성경에는 "rod and staff"(막대기와 지팡이)이라고 되어 있다. 그게 맞는 번역이다. 히브리어 성경에 그렇게 되어 있다.

다윗이 골리앗과 담판을 짓기 위해 나갈 때 들고 간 것이 무엇인가? 막대기다. 골리앗이 하도 기가 차서 "나를 개로 여기고 막대기를 들고 오느냐"고 묻지 않았는가? 그런데 모든 영어 성경에는 이상하게 막대기가 아니라 지팡이를 가지고 나간 것으로 되어 있다.

"막대기가 아니라 지팡이를 가지고 나갔다고? 싸우러 나가는데 막대기라면 몰라도 지팡이를 왜 가지고 나가?"

그러면 우리 성경이 잘못 번역한 것인가 의아해 할 것이다.

우리가 생각하는 지팡이는 끝이 둥그렇게 구부러진 긴 막대기다. 그러나 반드시 그런 것은 아니다. 아니 더 정확하게 말하면 그런 지팡이는 거의 없었다. 왜냐하면 목자의 지팡이는 목자가 짚고 다니기 위해 만든 것이 아니기 때문이다. 일부러 끝을 구부린 것들도 있었겠지만, 자연 그대로 끝이 구부려져 있지 않은 긴 막대기가 대부분이었다.

모세에 관한 영화들을 보면 모세가 끝이 굽어진 지팡이가 아니라 긴 막대기로 홍해를 가르는 장면을 볼 수 있다. 끝이 구부러져 있는 지팡이는 자신을 의지하기 위해 짚고 다니는 지팡이다. 목자는 자기가 의지하기 위해 지팡이를 가지고 다니지 않는다. 목자의 지팡이는 늑대를 쫓기 위해

막대기와 지팡이 177

사용하는 무기다. 그러기 때문에 끝이 구부러져 있을 필요가 없다.

지팡이와 막대기는 큰 차이가 없다. 비슷한 용도로 사용되어졌다. 그래서 성경은 막대기와 지팡이를 혼용하고 있다. 막대기로 번역해야 할 곳을 지팡이로 번역하기도 했고, 지팡이로 번역해야 할 곳을 막대기로 번역한 곳도 있다.

막대기와 지팡이의 차이는 길고 짧음에 있다고 보면 된다. 막대기는 짧고 굵으며 반면에 지팡이는 막대기보다 길고 가늘다. 멀리서 늑대가 어슬렁거리며 따라온다. 그러면 목자는 물매를 던져 위협을 한다. 그래도 계속 따라오면 이번에는 막대기를 집어 던진다. 그래도 늑대가 가까이 달라붙으면 목자는 지팡이를 가지고 한 판 붙는다. 있는 힘을 다해 늑대를 후려친다. 다윗이 곰과 싸운 적이 있다. 이때 사용한 것이 바로 지팡이다.

이렇게 목자는 긴 막대기와 짧은 막대기를 가지고 다녔다. 길이와 굵기가 약간 다르기는 하지만 둘 다 막대기다. 둘 다 공격용 무기다. 결코, 지팡이는 목자가 짚고 다니기 위해 가지고 다니는 것이 아니다.

목자에게 있어서 지팡이와 막대기는 군인에게 있어서 총과 같다. 군인이 총과 칼이 없으면 군인이 아니다. 나라를 지킬 수가 없다. 목자도 마찬가지다. 양들을 지키기 위해서는 지팡이와 막대기가 절대적으로 필요하다. 이것을 가지고 양들을 노리는 맹수들을 내어쫓는다. 양을 보호하기 위한 공격용 무기가 바로 지팡이와 막대기다. 그렇기 때문에 지팡이와 막대기는 목자의 손에서 떠나지 않는다. 목자의 손에 지팡이와 막대기가 없다면 그는 목자라 할 수 없다.

이스라엘에서는 군인들이 휴가를 가거나 외출을 할 때도 반드시 총을 가지고 간다. 휴가를 가도 외출을 해도 그들은 군인이기 때문에 언제라도 총을 쏠 준비를 하고 있는 것이다.

유다가 길을 가다가 창녀로 변신한 며느리 다말에게 들어가 동침했다. 그때 삯을 바로 주지 못하자 저당물을 잡히게 되었다. 그 중 하나가 지팡이였다. 그는 지팡이를 짚어야 할 정도로 노인이었던 것일까? 그런 노인이 성욕을 채우기 위해 그런 일을 범한 것일까? 아니다. 그는 염소 털을 깎기 위해 가고 있는 중이었다. 그래서 그의 손에 지팡이가 들려 있었던 것이다. 그의 지팡이는 짚고 다니는 지팡이가 아니라 목자가 들고 다니는 지팡이였던 것이다.

다윗이 양을 치다가 어머니 심부름으로 전쟁터에 나가 있는 형들을 만나러 갔다. 그랬다가 골리앗과 한판 붙지 않았는가? 그때 그는 제구를 가지고 갔다. 그리고 지팡이와 물매도 가지고 갔다. 양을 치러 간 것이 아니고 형들 면회를 가는데도 지팡이와 막대기를 가지고 갔던 것이다. 목자에게 있어서 지팡이와 막대기는 바로 이런 것이다.

영화 〈신들과 왕들〉을 보면 모세의 손에 40년간 들려 있던 것은 지팡이가 아니라 칼이었다. 왕의 검이었다. 모세가 궁을 떠날 때 동생(바로)이 몰래 그 칼을 짐 속에 숨겨서 보냈다. 모세는 그 보검을 잠시도 손에서 놓지를 않았다. 영화의 클라이맥스는 홍해가 갈라지는 장면이다. 모세는 홍해 앞에서 그의 손에 들려 있던 칼을 높이 던진다. 칼이 깊은 바닷속에 꽂힌다. 그러면서 홍해가 갈라진다.

'어? 왜 지팡이가 아니라 칼이지?'

물론, 성경에는 모세가 지팡이를 들어올렸을 때 홍해가 갈라졌다. 그러나 헐리우드식으로 성경을 해석해서 그렇게 만든 것이다. 출애굽기가 성경 이야기가 아니라고 한다면, 헐리우드 영화에서처럼 모세는 손에 지팡이(막대기)를 가지고 있지 않고 칼(검)을 가지고 있었을 것이다. 절대로 지팡이나 막대기로는 백성들을 치리할 수 없었을 것이다.

모세는 그런 왕이 아니라 이스라엘 백성의 목자였다. 하나님이 그를 목자로 세워주신 것이다.

"너는 왕이 아니다. 목자다. 그럼으로 지팡이를 계속 가지고 있어야 한다."

그런 뜻으로 하나님은 하늘에서 내려 준 신검이 아니라 그가 사용하던 목자의 지팡이를 들고 다니게 하셨던 것이다.

모세는 왕궁에 있을 때 자신을 보호하기 위해서 보검을 가지고 있었다. 그러나 광야로 숨어들어 간 모세의 손에는 더 이상 보검이 들려 있지 않았다. 보검 대신 목자의 지팡이가 들려 있었다. 그 지팡이로 40년간 양을 쳤다.

모세가 미디안 광야에서 나왔을 때 그가 가지고 나온 것이 단 하나 있다. 그것은 지팡이였다. 그는 지팡이 하나 들고 나귀를 타고 바로를 만나러 갔다. 그 지팡이로 바로를 굴복시키시고, 이스라엘 백성이 출애굽을 하게 되었다. 모세는 출애굽 광야 40년을 지날 때에 미디안 광야에서 양을 칠 때 사용했던 바로 그 지팡이 하나 들고 이스라엘 백성을 이끌고 가나안까지 갔다.

이집트 왕(바로)나 아시리아의 왕들 그리고 함무라비와 같은 바벨론의 왕들의 모습을 보면 홀(sceptre)로서 지팡이를 들고 있는 것을 볼 수 있다. 왕은 백성을 돌보는 목자라고 생각했던 것이다. 그래서 왕들은 지팡이를 들고 있었던 것이다.

구약에서 특별히 예언서에서 목자들을 책망하는 메시지가 많이 나온다. 이들은 양을 치는 목자들이 아니라 지도자들을 일컫는다. 목자는 히브리어로 "라아"(Raah)인데, 지도자라는 뜻을 가지고 있다.

그러나 그들은 목자처럼 지팡이로 백성들을 돌보지 않고, 칼로서 백성들을 위협하며 다스렸다. 그들의 손에 들려 있었던 지팡이는 상징에 지나지 않았던 것이다.

모세는 왕들처럼 검을 들고 이스라엘 백성을 이끌지 않았다. 목자처럼 지팡이를 들고 그들을 가나안 땅으로 데리고 갔다. 하나님은 모세를 그들의 왕이 아니라 목자로 세우셨다. 광야를 지나는 동안 하나님도 그들에게 목자가 되어 주셨다. 모세도 그래야 했다. 그래서 검이 아닌 지팡이를 손

함무라비 법전을 만든 바벨론의 함무라비 왕. 손에 지팡이 홀을 들고 있다

에 들게 하신 것이다. 이렇게 하나님은 모세를 이스라엘 백성의 왕이 아니라 목자로 세우셨고, 목자처럼 그들을 돌보고 인도하게 하셨다.

왕에게는 검이 필요하겠지만, 목자에게는 양을 지켜 주기 위한 지팡이와 막대기가 필요하다. 지팡이와 막대기로 인도한다. 보살펴 준다. 보호해 준다. 목자의 무기는 칼이 아니라 지팡이와 막대기다. 목자가 지팡이를 버리고 칼을 들면 안 된다. 지팡이를 칼처럼 사용하면 안 된다.

그런데 이스라엘의 사악한 목자(지도자)들은 양을 잘 치라고 준 지팡이로 양들을 사정없이 쳤다. 몽둥이처럼 사용했다. 양을 보호하고 잘 치라고 지팡이를 쥐어 주었는데 그것을 칼처럼 사용했다. 양들을 잘 먹여야 하는데 양들을 잡아먹었다. 그래서 결국 하나님은 그들에게 심판의 칼날을 받게 하셨다.

시편 23편에서 다윗은 "주의 지팡이와 막대기가 나를 안위하시나이다"라고 고백했다. 목자였던 다윗은 양을 치기 위해 그의 손에는 항상 지팡이가 들려 있었다. 그 지팡이는 양을 보호하기 위해 들고 다니던 지팡이였다. 그러던 그가 왕이 되었다. 그는 왕이 된 다음에도 마음속으로 항상 지팡이를 들고 다녔을 것이다. 목자의 심정으로 백성을 돌보았을 것이다.

목자들은 그들의 손에 들려진 지팡이와 막대기를 잘 사용해야 한다. 양들이 목자의 손에 들려진 지팡이와 막대기를 보고 두려워하게 해서는 안 된다. 백성들은 왕을 두려워한다. 왜냐하면, 손에는 힘과 권세의 상징인 칼이 들려 있기 때문이다. 그러나 목자의 손에는 칼이 아니라 지팡이가 들려 있다. 그 지팡이를 보면서 양들은 안심을 한다.

양들이 사망의 음침한 골짜기를 지나고 있다. 어디에서 뭐가 나타날지 모른다. 어디에서 늑대가 숨어있다가 나타날지도 모른다. 얼마나 두렵겠는가? 그러나 그들이 목자의 손에 들려 있는 지팡이와 막대기를 바라보는 순간 두려움이 사라진다.

"주의 지팡이와 막대기가 나를 안위하시나이다."

왜냐하면 목자가 그 지팡이와 막대기를 가지고 늑대를 물리치고 또 하이에나를 때려잡는 것을 수도 없이 보았기 때문이다. 그들이 풀을 뜯고 있다. 그런데 저쪽에서 늑대가 왔다갔다 하고 있다. 그래도 놀라지 않는다. 옆에 목자가 있기 때문이다. 목자의 손에 들려 있는 지팡이와 막대기로 그들을 물리칠 것을 알기 때문이다.

　모세도 하나님이 그에게 주신 지팡이로 그들의 원수인 바로를 굴복시켰다. 바로가 더 이상 해할 수 없게 하셨다. 사망의 음침한 골짜기인 홍해를 무사히 건너가게 하셨다. 아말렉 군대를 물리치게 해 주셨다.

　그러나 이스라엘 백성은 하나님이 세우신 모세의 손에 들려 있는 지팡이로 바로를 굴복시키고 출애굽 할 수 있게 된 것을 보고도 그리고 그것으로 홍해를 가르고, 그것으로 아말렉을 무찌르고, 그 지팡이로 반석에서 물이 나오게 하는 기적을 행하는 것을 보고도 그들은 40년 동안 광야를 지나면서 원망과 불평과 불만으로 일관했다. 하나님이 그들과 함께한다는 표식인 지팡이를 보고도 그들은 불안해하고 두려워했다. 우리도 그렇지 않은가?

38.
오늘날의 목자들의 손에는 막대기 대신 총이 들려 있다

맹수가 멀리 있을 때 목자는 물매를 사용해서 쫓는다. 그러나 맹수가 도망가지 않고 가까이 다가오면 그때는 최후 수단으로 목자가 가지고 있는 막대기를 휘두른다. 막대기는 나무뿌리로 만들었는데 40센티미터 정도로 길지 않다. 그러나 아주 단단하고 어떤 막대기에는 쇠붙이도 붙어 있다.

옛날에는 목자들이 이런 막대기를 허리에 차고 다녔는데 오늘날은 막대기 대신 총을 가지고 다닌다. 이 총을 속어로 '롸드'(rod, 막대기)라고 부른다. 시편 23편에 나오는 막대기와 똑같은 기능을 하고 있기 때문에 아직도 '롸드'라고 부르는 것이다

양들을 가장 위협하는 것은 늑대가 아니라 뱀이다. 늑대는 잘 보인다. 그러나 뱀은 땅을 슬금슬금 기어다녀 잘 보이지 않는다. 그래서 목자는 양들을 뱀으로부터 보호하기 위해 세심한 주의를 기울인다. 새로운 풀밭에 들어갈 때 목자는 뱀들이 있지 않나 다 살펴보고 뱀이 접근 못하도록

조치를 취한 다음에 양들이 꼴을 뜯게 한다. 만일, 뱀이 나타나면 목자는 막대기로 후려쳐서 죽인다. 이렇게 목자는 양들을 뱀으로부터 지켜 주기 위해서 막대기를 사용한다.

뱀에게 수많은 양이 희생을 당하듯이, 사탄에게 수많은 영혼이 희생을 당하고 있다. 뱀이 양을 위협하듯이, 사탄은 끊임없이 하나님의 자녀들을 위협하고 있다. 그래서 성경에서도 뱀이 사탄의 화신으로 나오는 것 같다.

우리의 목자 되시는 예수님도 십자가에서 뱀(사탄)에게 발뒤꿈치를 물리셨다. 그러나 예수님은 뱀의 머리를 상하게 하셨다(창 3:15). 십자가라고 하는 막대기로 뱀에게 치명적인 일격을 가하신 것이다. 이렇게 뱀은 십자가에 달리신 예수님으로 인해 이미 치명타를 입었기 때문에 우리에게 해를 입힐 수가 없다. 그러므로 우리는 뱀을 두려워할 필요가 없다.

평강의 하나님께서 속히 사탄을 너희 발 아래에서 상하게 하시리라 … (롬 16:20).

목자가 총을 들고 양들을 지키고 있다

오늘날의 목자들의 손에는 막대기 대신 총이 들려 있다   185

목자는 막대기를 가지고 양들을 지켜 준다. 양들은 목자가 허리춤에 차고 있는 막대기를 바라보면서 안심한다. 아무리 사나운 맹수가 달려들어도 목자가 그 막대기로 자기들을 구해 줄 것을 알기 때문에 염려하지 않는다. 그 때문에 사망의 음침한 골짜기를 지날 때도 염려하지 않는다. 두려워하지 않는다. 주변에서 늑대가 어슬렁거리고 있어도 태연히 그 앞에서 꼴을 뜯어 먹을 수 있는 것은 목자의 손에 들려 있는 막대기 때문이다.

목자가 막대기를 양들에게 사용할 때가 있다. 양들이 무리에서 이탈해 혼자 멀리 가면 목자는 이 막대기를 휙 던져서 코앞에 떨어지게 한다. 그러면 양이 깜짝 놀라서 무리에게로 돌아온다. 경고용이다.

요르단의 베두인을 방문했을 때, 다리가 부러진 양 한 마리를 보았다. 사연은 잘 모르지만, 그 양이 말을 너무 안 들어서 벌주기 위해서 다리를 부러뜨렸을 수도 있다. 그렇지 않으면 그 양은 결국 길을 잃고 늑대의 밥이 될 것이기 때문이다. 그러나 남의 양을 맡아서 돌보는 목자는 그렇게 할 수 없다. 자기 양이 아니기 때문이다. 그렇게 했다가는 변상을 하거나 해고를 당할 것이다. 그러나 그 양의 원래 목자는 양이 습관적으로 곁길로 가거나 말을 듣지 않으면 막대기로 양을 때리기도 한다. 그게 양을 살리는 길이기 때문이다.

하나님은 악인이 잘되더라도 내버려 두신다. 악인이 아무리 악한 짓을 저질러도 내버려 두신다. 상관하지 않으신다. 그러나 당신의 자녀들이 잘못된 길로 가면 여지없이 매를 드신다. 양이 옆길로 새는 것을 보고도 내버려 두는 목자는 없다. 하나님도 마찬가지다.

> 대저 여호와께서 그 사랑하시는 자를 징계하시기를 마치 아비가 그 기뻐하는 아들을 징계함 같이 하시느니라(잠 3:12).

주께서 그 사랑하시는 자를 징계하시고 그가 받아들이시는 아들마다 채찍질하심이라 하였으니(히 12:6).

39.
목자에게는 지팡이와 막대기 외에 하나가 더 있어야 한다

고대에는 전쟁을 할 때, 양쪽의 장수들이 나와 1대 1로 겨루어 전쟁의 승패를 결정하는 일이 있었다. 다윗은 목동이었다. 나이가 많아야 열대여섯 살 정도였다. 골리앗이 말한 대로 새파랗게 어린 애송이였다. 전쟁터에 나가서 싸워본 경험 한 번도 없다. 무기도 없다. 갑옷도 없다.

그런 다윗이 뭘 믿고 나가 골리앗과 싸우겠다고 한 것일까? 나라의 운명이 자기 손에 달려 있는데 이길 자신도 없이 자기가 나가겠노라고 했겠는가? 이판사판이니까 한번 싸워나 보자 그랬을까?

아니다. 골리앗을 넘어뜨릴 자신이 있었으니까 그랬던 것이다.

다윗은 양을 보호하기 위해서 물매 돌 던지는 연습을 피눈물 나게 했다. 시간이 있을 때마다 물매 돌을 던졌다. 다른 목동들은 양들이 쉴 때 함께 나무 그늘에 앉아서 피리를 불었지만, 다윗은 그러지 않았다. 유사시를 대비해서 한 마리의 양도 맹수에게 빼앗기지 않으려고 시간이 있을 때마다 물매 돌 던지는 연습을 했다. 다윗이 골리앗을 넘어뜨릴 수 있었던 것은 바로 이런 물매 실력 때문이었다. 물매는 장난감이 아니다. 고대 시대의 중요한 무기였다.

> 이 모든 백성 중에서 택한 칠백 명은 다 왼손잡이라 물매로 돌을 던지면 조금도 틀림이 없는 자들이더라(삿 20:16).

> 그들은 활을 가지며 좌우 손을 놀려 물매도 던지며 화살도 쏘는 자요(대상 12:2).

> 웃시야가 그의 온 군대를 위하여 방패와 창과 투구와 갑옷과 활과 물매 돌을 준비하고(대하 26:14).

> 모압 사람을 치고 그 성읍들을 쳐서 헐고 각기 돌을 던져 모든 좋은 밭에 가득하게 하고 모든 샘을 메우고 모든 좋은 나무를 베고 길하레셋의 돌들은 남기고 물매꾼이 두루 다니며 치니라(왕하 3:24-25).

예루살렘에서 북쪽으로 10킬로미터 정도 떨어진 곳에서 테니스공 정도 되는 물매 돌이 35개 발굴되었는데, 이 물매 돌은 자연석이 아니라 깎아 만든 것들이었다.

아시리아가 이스라엘을 쳐들어왔을 때 물매 부대가 대거 투입되었다. 대영박물관에는 아시리아의 물매 부대가 이스라엘의 라기스성을 무너뜨리는 장면을 그린 부조가 전시되어 있다. 물매는 고대 이스라엘뿐만 아니라 로마 시대와 헬라 시대에도 중요한 무기로 사용되었다. 물매 돌 던지는 모습이 새겨진 로마 시대의 동전도 많이 발굴되었다. 지금도 팔레스타인 지역에서는 데모를 할 때 물매 돌을 사용한다.

이 물매 돌은 200미터 떨어진 목표 지점도 정확히 명중시킨다. 400미터까지 날아갈 수 있다고 한다. 화살보다 파괴력이 더 강하다. 화살은 갑

라기스성을 공격하고 있는 아시리아의 물매 부대

옷을 뚫지 못하지만, 돌은 충격을 주어 적을 죽일 수도 있다. 시속 60마일 정도 속도로 날아간다. 그런 돌에 맞았으니, 그것도 이마에, 골리앗이라도 쓰러지지 않을 수 없었던 것이다.

목자에게는 지팡이와 막대기 외에 하나가 더 있었다. 바로 물매였다. 물매 돌은 양을 노리고 있는 맹수들이 멀리서 쫓아오고 있을 때 맹수들을 쫓기 위해 사용했다. 물매 돌로 위협하지 않으면 맹수들은 점점 거리를 좁혀 올 것이다. 그리고 결국에는 한 마리 물어서 달아나는 상황이 벌어질 수도 있다. 그렇기 때문에 목자들은 물매 실력을 갈고닦아야 했다. 다윗은 이런 물매 돌 던지는 실력이 뛰어났는데, 그 물매 실력으로 자기 양들을 보호할 뿐만 아니라 풍전등화와 같은 위기 속에 놓인 나라를 구하기도 했다.

당신이 목자라면 당신만의 물매가 있어야 한다. 그리고 물매 실력을 갈고닦아야 한다. 그래야 당신에게 맡겨진 양들을 잘 보호할 수 있다.

제8부

주께서 내 원수의 목전에서
내게 상을 차려 주시고

40.
양들의 원수인 늑대

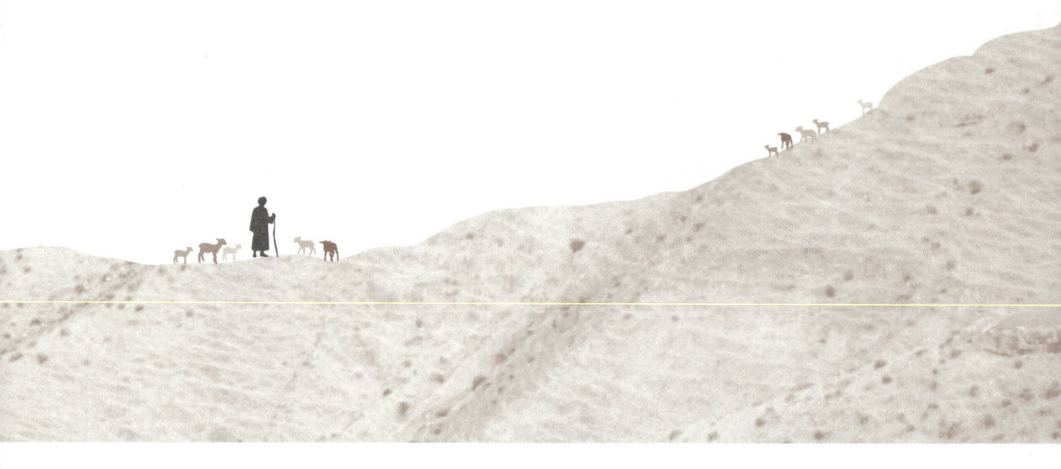

양들을 괴롭히는 원수들이 누구일까? 바로 늑대나 곰, 하이에나, 사자들이다. 이 놈들은 하루 종일 양들을 따라붙는다.

시편 23편에는 4절에만 "원수"가 나온다. 그러나 사실은 1절에도 있고, 2절에도 있다. 3절에도 있다. 양들이 움직일 때 이 "원수"들도 같이 움직인다. 양들이 푸른 초원에서 풀을 뜯을 때도 거기 있고, 양들이 위험한 산길을 내려올 때도 거기에도 있다. 양들이 음침한 골짜기를 지나갈 때도 거기에도 있다. 그리고 건너편 산언덕에 올라가 꼴을 뜯을 때도 거기에도 있다. 아침부터 저녁까지 하루 종일 따라붙는다.

양들 옆에는 목자만 있는 것이 아니라 늑대들도 같이 있다. 목자는 바로 옆에 있지만 늑대들은 거리를 두고 은밀하게 따라온다. 아마 그래서 양들은 늑대를 눈치채지 못할지도 모른다. 시력이 15미터도 못 볼 정도이기 때문이다. 그러나 목자는 이놈들을 예의주시하고 있다. 가까이 오지 못하도록 가끔 물매를 던지면서 양들을 보호한다. 그러니 목자는 양들이 꿀을 뜯거나 한가롭게 누워있을 때도 결코 쉴 수 없다. 나무 그늘에 앉아 피리를 분다는 것은 그들에게 상상도 못 할 일이다.

다윗은 한 마리라도 더 늑대에게 양들을 빼앗기지 않기 위해서 시간만 있으면 물매 던지는 연습을 했다. 그랬기 때문에 골리앗과 싸워 이길 수 있었던 것이고, 풍전등화와 같은 나라를 구할 수가 있었던 것이다.

늑대는 무리를 지어 산다. 사회생활을 하는 것이다. 그래서 늑대가 혼자서 공격하는 경우는 드물다. 무리를 지어 공격한다. 움직일 때 맨 앞에 어린 늑대나 늙은 늑대, 아픈 늑대들이 간다. 이들이 뒤처지지 않도록 하기 위해서다. 그 뒤를 이어서 강한 늑대들이 앞에 가는 늑대들을 보호하면서 간다. 그리고 가운데 가장 많은 늑대가 무리를 지어 간다. 그들 뒤에 또 강한 늑대들이 뒤따른다. 뒤로부터의 공격을 막기 위해서다. 그리고 맨 뒤에 거리를 두고 한 마리 늑대가 따라온다. 리더다. 맨 뒤에서 전체를 보고 지휘를 하는 것이다. 한 마리도 뒤처지거나 낙오자가 생기지 않도록 하는데 목적이 있다.

늑대는 운명이 같은 사람의 눈에만 띄고, 운명이 늑대보다 높은 사람에게만 잡힌다고 하는 말이 있을 정도로 영리해서 잡기가 쉽지 않다. 늑대는 천적이 호랑이나 곰, 사람밖에 없는 최상위 포식자이다. 늑대 세상인 것이다. 그러니 늑대는 계속 늘어나게 되고 그러면 계속 양들을 잡아먹을 것이다. 목자들에게 늑대는 철천지 원수다.

늑대는 특별히 겨울 같은 때는 사냥이 어렵기 때문에 양들을 잡아간다. 그래서 유목민의 겨울밤은 불안하기만 하다. 아침에 일어나자마자 하는 것이 양들이 물려가지나 않았는지를 살펴보는 일이다.

양들이 없어졌으면 그건 바로 늑대가 물어간 것이다. 인근 어딘가에 사체들(뼈)이 남아 있다. 그것을 발견했을 때 마음이 어떻겠는가? 어떤 놈인지 반드시 잡아 죽이겠다는 생각을 하면서 분노가 치밀어 오를 것이다.

늑대는 총으로밖에 잡지 못한다. 그 총을 rod(막대기)라고 부른다. 옛날에는 막대기나 물매로 늑대를 (죽이지는 못하고) 쫓았는데 지금은 총으로 잡는다. 요즘 베두인들은 거의 다 총을 가지고 있다. 늑대로부터 양들을 보호하려면 그 방법밖에 없다.

늑대들은 봄철에 새끼를 낳는다. 그래서 봄이 되면 유목민들은 새끼 늑대를 잡으러 다닌다. 결국, 그 새끼들이 자라 1년만 지나면 양들을 물어 가기 때문이다. 한 달이 되기 전에 새끼 늑대를 찾아서 집으로 데리고 와서 키운다(한 달이 넘으면 어미를 알아보고 사람을 따르지 않는다). 이런 새끼 늑대들은 꼭 강아지 같다. 늑대는 처음에는 사람을 잘 따른다. 리더로 생각하는 것이다. 그러나 늑대들은 리더가 자주 자리를 비우거나 약한 모습을 보이면 그 리더를 몰아낸다. 그리고 새로운 리더를 세운다. 그래서 자기를 키우던 사람이 자주 보이지 않고 약한 모습을 보이게 되면 새로운 리더를 원한다. 그 과정에서 리더로 여겼던 주인을 공격하고 해치는 것이다. 그래서 집에서 키운 늑대는 1년쯤 후에는 잡아서 가죽을 판다.

광야에서 유목민들은 늑대로부터 양들을 지키기 위해서 개를 키운다. 늑대가 개를 물어뜯어 죽이는 경우도 있고, 개가 늑대를 쫓아내기도 한다. 그런데 늑대와 개는 98퍼센트 DNA가 같다. 개는 원래 늑대였던 것을 길들인 것이다. 목자들은 길들인 늑대(개)를 통해 늑대를 쫓는다. 늑대를 다 잡아 없애면 좋을까? 아니라고 한다. 늑대가 없는 지역에서는 오히려 유목민들이 늑대를 다른 데서 잡아다가 풀어놓는다고 한다. 늑대가 잡아먹는 양은 주로 힘이 없거나 병든 것들이기 때문에 늑대가 없으면 양들 사이에 병이 퍼지거나 더 많은 양이 죽게 된다고 한다. 아이러니한 일이다.

41.
베두인들은 어떤 일이 있어도
자기 집에 온 손님을 지켜 준다

하루는 아브라함이 한창 더운 대낮에 장막 곁에 앉았는데 낯선 사람 세 명이 왔다. 그러자 얼른 일어나 뛰어가서 그들을 강권하여 자기 집으로 들어오게 하였다. 아브라함은 부랴부랴 빵을 굽고 기름진 송아지를 잡아 대접했다. 그들이 식사를 하는 동안 아브라함은 같이 먹지 않고 옆에서 시중을 들었다.

여호와께서 마므레의 상수리나무들이 있는 곳에서 아브라함에게 나타나시니라 날이 뜨거울 때에 그가 장막 문에 앉아 있다가 눈을 들어 본즉 사람 셋이 맞은편에 서 있는지라 그가 그들을 보자 곧 장막문에서 달려나가 영접하며 몸을 땅에 굽혀 이르되 내 주여 내가 주께 은혜를 입었사오면 원하건대 종을 떠나 지나가지 마시옵고 물을 조금 가져오게 하사 당신들의 발을 씻으시고 나무 아래에서 쉬소서 내가 떡을 조금 가져오리니 당신들의 마음을 상쾌하게 하신 후에 지나가소서 당신들이 종에게 오셨음이니이다 그들이 이르되 네 말대로 그리하라 아브라함이 급히 장막으로 가서 사라에게 이르러 이르되 속히 고운 가루 세 스아를 가져다가 반죽하여 떡을 만들라 하고 아브라함이 또 가축 떼 있는 곳으로 달려가서 기름지고 좋은 송아지를 잡아 하인에게 주니 그가 급히 요리한지라 아브라함이 엉긴 젖과 우유와 하인이 요리한 송아지를 가져다가 그들 앞에 차려 놓고 나무 아래에 모셔 서매 그들이 먹으니라(창 18:1-8).

아브라함이 나그네(천사)들을 정성을 다해 대접하는 모습이다. 음식을 빨리 대접하기 위해 서두르는 모습도 잘 그려져 있다. 아브라함은 손님들에게 빵과 엉긴 젖(버터)과 우유 그리고 송아지 고기를 대접했다. 빵은 누룩을 넣지 않고 만든 밀가루 전병으로, 밀가루를 반죽해서 얇게 펴서 솥뚜껑처럼 생긴 곳에 올려놓고 굽는다. 베두인들의 주식이다. 우유는 양이나 염소에게서 짠 것으로 베두인들에게 중요한 음료다. 버터는 염소나 양에게서 짠 젖으로 만든 것으로서 중요한 단백질 공급원이다. 아브라함은 송아지를 잡았는데, 베두인들은 소는 거의 키우지 않는다.

EBS에서 제작한 〈세계 테마 기행〉 "시리아 2부-광야의 자유인, 베두인"을 보면 베두인들이 자기 양을 잡아 손님을 대접하는 장면이 나온다. 그러나 베두인들이 양과 염소를 많이 키우긴 하지만 잡아먹는 경우는 극히 드물다. 왜냐하면, 양고기를 먹는 것은 그들에게 곧 돈을 먹는 것이나 마찬가지이기 때문이다.

베두인들이 낯선 사람들을 이렇게 환대하는 이유는 무엇일까? 베두인들은 가족끼리만 모여 산다. 이웃이 거의 없다. 사회에서 멀리 떨어져 있다. 사람 만날 일이 거의 없다. 그러니 얼마나 외롭겠는가? 얼마나 사람이 그립겠는가? 아브라함은 아예 밖에 나가서 지나가는 사람들을 기다리고 있었다. 이것이 베두인들의 모습이다. 그러다가 낯선 사람이 오면 아브라함이 그랬던 것처럼 자기 집에 들어오라고 강청을 한다.

또한, 사막을 지나는 사람이 묵을 데가 어디 있겠는가? 더군다나 물이 떨어졌으면 생명이 위험해진다. 그래서 환대하는 것이다. 롯도 어느 날 저녁 지나가는 나그네 둘을 발견하고는 영접하고 땅에 엎드려 절하며 자기 집에 묵고 가기를 간청하였다. 그들은 롯이 간청하니 그의 집에 들어갔다.

롯이 두 나그네를 집에 들였을 때, 온 소돔성 사람들이 다 몰려와 그들을 내놓으라고 행패를 부렸다. 그러자 롯은 아직 남자를 알지 못하는 자기의 두 딸을 줄 테니 대신 나그네들에게 손을 대지 말라고 부탁하였다. 나그네를 보호하기 위하여 자기 딸들까지 내어 주어야 할 필요가 있었는지 잘 이해가 가지 않는 대목이다. 그러나 베두인의 환대법을 알면 어느 정도 이해가 될 것이다.

베두인들의 환대에 대한 유명한 일화가 전해 내려오고 있다. 100여 년 전 죄수 두 명이 탈출해서 광야로 도망쳤다. 그들이 네게브 광야에 사는 베두인 장막에 숨어 있다는 정보를 입수하고는 군인들이 그들이 머물고 있는 베두인 집으로 들이닥쳤다. 그리고 죄수들을 내어 줄 것을 요구했다. 그러나 베두인 주인은 자신의 집에 온 손님이기 때문에 내줄 수 없다고 거절했다. 그가 제 발로 나갈 때까지는 절대로 그 사람들을 내줄 수 없노라고 했다. 군인들이 강제로 들어가려고 하자, 베두인 주인이 총을 꺼냈다. 그리고 한 방을 '탕' 하고 쏘았다. 자기 말을 죽인 것이다.

"내가 가장 아끼고 사랑하는 말을 죽였소. 내가 가장 사랑하는 말도 죽인 마당에 내가 못할 일이 무엇이 있겠소."

이것이 유목민들의 환대 문화다. 어떤 일이 있어도 자기 집에 손님으로 온 사람은 지켜 준다. 목자도 마찬가지다. 어떤 일이 있어도 자기 양을 지켜 준다. 그렇기 때문에 양들은 맹수들이 보는 앞에서도 꼴을 뜯어 먹을 수 있는 것이다.

42.
목자는 잘 때도 한쪽 눈은 뜨고 잔다

> 내가 산을 향하여 눈을 들리라 나의 도움이 어디서 올까 나의 도움은 천지를 지으신 여호와에게서로다 여호와께서 너를 실족하지 아니하게 하시며 너를 지키시는 이가 졸지 아니하시리로다 이스라엘을 지키시는 이는 졸지도 아니하시고 주무시지도 아니하시리로다 여호와는 너를 지키시는 이시라 여호와께서 네 오른쪽에서 네 그늘이 되시나니 낮의 해가 너를 상하게 하지 아니하며 밤의 달도 너를 해치지 아니하리로다 여호와께서 너를 지켜 모든 환난을 면하게 하시며 또 네 영혼을 지키시리로다 여호와께서 너의 출입을 지금부터 영원까지 지키시리로다 (시 121:1-8).

우리가 애송하는 시편 121편이다. 이 시편에 '지키다'(*shamar*)라는 동사가 여섯 번이나 반복해서 나온다. 샤마르는 목자가 양을 지킬 때 사용하는 단어다.

라반이 이르되 내가 무엇으로 네게 주랴 야곱이 이르되 외삼촌께서 내게 아무것도 주시지 않아도 나를 위하여 이 일을 행하시면 내가 다시 외삼촌의 양 떼를 먹이고 지키리이다(shamar, 창 30:31).

다윗이 아침에 일찍이 일어나서 양을 양 지키는 자(*shamar*)에게 맡기고 이새가 명령한 대로 가지고 가서 진영에 이른즉 마침 군대가 샤마르는 'watch over, guard, oversee'(감시, 보호, 감독)의 의미를 가지고 있다. 그런데 목자가 하는 일이 바로 이런 일들이다. 시편 121편은 하나님께서 우리를 마치 목자가 양을 지켜 주듯이 지켜 주신다는 사실을 잘 표현하고 있다.

목자는 양을 지키기 위해 밤에도 자지 못한다. 자더라도 한쪽 눈은 뜨고 자야 한다. 그렇지 않으면 양을 노리는 이리나 하이에나가 목자가 잠

한 밤 중에 양을 치는 목자들

든 사이에 몰래 숨어들어와서 양들을 물어갈 것이다. 그렇기 때문에 목자는 양들이 잠을 자는 동안에도 마음 놓고 자지 못한다. 야곱도 고달픈 목자 생활을 이렇게 고백하고 있다.

> 내가 이와 같이 낮에는 더위와 밤에는 추위를 무릅쓰고 눈 붙일 겨를도 없이 지냈나이다(창 31:40).

베들레헴의 목자들도 밤에 자지 않고 깨어서 양을 지키고 있다가 천사들을 통해서 예수 탄생의 소식을 이 세상에서 가장 먼저 전해 듣게 되지 않았는가?

그 목자들만 밤에 자지 못하고 깨어 있었던 것은 아니다. 지금도 밖에서 야영을 하면서 여름을 지내는 목자들은 밤에 제대로 자지 못한다. 목자가 양을 지켜보고 있지만, 동시에 늑대도 양을 지켜보고 있기 때문이다.

시편 121편에 나오는 하나님도 그런 분이시다.

> 이스라엘을 지키시는 이는 졸지도 아니하시고 주무시지도 아니하시리로다(시 121:4).

목자가 밤에도 자지 않고 양을 지키듯이 하나님도 우리를 그렇게 지키신다.

제2차 세계 대전 때의 일이다. 영국의 한 작은 마을에 사이렌 소리가 요란하게 울렸다. 공습경보가 울린 것이다. 아들이 무서워서 잠을 이루지 못했다. 그러자 아버지가 말했다.

"아빠가 깨어 있을 테니까 너는 안심하고 들어가 자렴. 아빠가 옆에서 지켜 줄게."

아이가 방에 들어갔다. 그러더니 잠시 후에 거실로 나왔다.

"아빠, 아빠도 들어가서 같이 자요. 하나님과 아빠 둘 다 깨어 있을 필요는 없잖아요."

양들이 평안히 잠들 수 있는 것은 목자가 깨어 있기 때문이다.

> 내가 평안히 눕고 자기도 하리니 나를 안전히 살게 하시는 이는 오직 여호와이시니이다(시 4:8).

43.
정말 양을 위해
목숨을 바치는 목자가 있을까?

목자가 양을 치고 있는데 사자가 나타나면 어떻게 할까? 목숨을 걸고서라도 자기 양을 지켜 주면 진짜 목자이고 도망가면 삯꾼 목자라고 우리는 알고 있다. 그러나 다시 한번 생각해 보라. 성경 이야기 말고 현실적으로 이야기해 보자. 당신이 목자라고 하자. 그런데 사자가 어슬렁어슬렁 나타났다.

어떻게 하겠는가? 목숨 걸고 싸우겠는가? 아니면 걸음아 날 살려라 도망을 가겠는가? 도망가는 것이 당연한 것이다. 그것은 비겁한 것이 아니다. 잘못하면 죽는데, 양 한 마리 지키겠다고 목숨 걸고 싸우다가 죽으면 그게 잘한 일이겠는가?

삯꾼 목자(고용인)가 아니라 진짜 목자(양들의 주인)라고 할지라도 그런 상황에서는 도망가게 되어 있다. 진짜 양을 사랑하는 목자라고 해도 도망간다. 목자가 양을 구하겠다고 사자와 싸운다는 것은 무모한 일이다.

그러다가 죽으면 그게 잘한 일일까? 목자들이 모여서 추모비라도 세워 줄까?

목자가 최선을 다해 양을 지켜 줘야겠지만, 목자가 양을 위해 죽는 것은 있을 수 없는 일이다. 역사 이래 양을 위해 죽은 목자는 단 한 사람도 없다.

탈무드(Mezia 7:8-9)의 규정을 살펴보자.

양을 치고 있는데 이리가 한 마리 나타났다. 그때는 도망가면 안 된다. 이리를 쫓기 위해 싸워야 한다. 그런데 두 마리가 나타났다. 그러면 도망가도 괜찮다. 잘못하면 사람이 죽을 수도 있기 때문이다. 이렇게 도망가서 양들을 세 마리 잃어버렸다고 하자. 그러면 물어내야 할까? 아니다. 물어내지 않아도 된다.

그런데 왜 예수님은 삯꾼 목자는 늑대나 사자가 나타났을 때 도망가지만, 선한 목자는 자기 양을 위해 목숨을 내놓는다고 하셨을까? 정말 양들을 위해 자기 목숨을 내놓아야 좋은 목자일까? 아무리 좋은 목자라고 할지라도 양을 위해 죽지는 않는다. 그런 사람이 있다면 이상한 사람이다. 그런데 그런 사람이 딱 한 사람 있다. 바로 예수님이시다.

우리가 양이고 예수님이 우리의 목자이시다. 그런데 목자이신 예수님이 십자가에서 우리를 위해 자기 목숨을 내놓으셨다. 인간(목자)이 짐승(양)을 위해 목숨을 버린다는 것은 있을 수 없는 일이다. 마찬가지로 신이 인간을 위해 목숨을 버린다는 것 역시 있을 수 없는 일이다. 그런데 하나님이 인간을 구원하시기 위해 목숨을 버리셨다. 자기 양을 위해 목숨을 버린 목자는 예수님 한 분밖에 없다. 양을 위해 목숨을 버릴 수 있어야 선한 목자라고 한다면, 이 세상에 '선한 목자'는 예수님 한 분밖에 안 계시다.

44. 삯꾼 목자는 나쁜 목자일까?

예수님은 삯꾼 목자는 늑대가 다가오면 양들을 버려두고 도망간다고 하셨다. 바로 이 말씀 때문에 우리는 삯꾼 목자는 나쁜 목자라는 선입견을 가지고 있다. 삯꾼 목자는 늑대가 다가올 때 도망가는 목자를 일컫는 말이 아니라, 돈을 받고 일하는 목자를 말한다. 양이 많은 사람은 혼자서 양을 다 칠 수가 없다. 그래서 사람을 고용해서 자기 양을 맡긴다. 이렇게 삯을 받고 남의 양을 대신 쳐 주는 사람이 바로 삯꾼 목자다. 다시 말하면 고용인인 것이다.

야곱도 삯꾼 목자였다. 외삼촌(장인) 라반의 양을 20년간 삯을 받고 돌보지 않았는가?

> 내가 외삼촌의 집에 있는 이 이십 년 동안 외삼촌의 두 딸을 위하여 십사 년, 외삼촌의 양 떼를 위하여 육 년을 외삼촌에게 봉사하였거니와 외삼촌에서 내 품삯을 열 번이나 바꾸셨으며 (창 31:41).

아브라함과 롯에게도 많은 삯꾼 목자가 있었다. 그들 가운데 분쟁이 일어나서 아브라함과 롯이 갈라선 것 아닌가?

모세도 삯꾼 목자였다. 자기 양이 아니라 장인 이드로의 양을 쳤다.

오늘날에도 베두인들 가운데 다른 사람들의 양을 쳐 주는 삯꾼 목자들이 많다. 한 사람의 양을 쳐줄 때도 있지만 서너 사람의 양을 맡아서 돌봐줄 때도 있다.

삯꾼 목자라고 책임감이 없는 사람들은 아니다. 그들이 양을 치다가 잃어버리면 배상을 해야 한다. 이 때문에 그들은 수시로 양의 숫자를 세어 보고 양을 잘 관리해야 했다. 양을 잃어버린 사실을 뒤늦게 발견하면 양을 못 찾을 수도 있고, 찾더라도 죽어 있을 확률이 크기 때문이다. 야곱도 잃어버린 양들에 대해 자기 양으로 배상을 해야만 했다.

> 낮에 도적을 맞든지 밤에 도적을 맞든지 하면, 장인 어른께서는 저더러 그것을 물어내라고 하셨습니다(창 31:39. 새번역).

삯꾼 목자가 양을 치는데 맹수가 물어갔다면 물어내지 않아도 되었다. 다만, 맹수에게 물려갔다는 증거(뼈나 시체)를 제시해야 했다. 자기가 잡아먹거나 팔아먹고 이리가 물어갔다고 할 수도 있기 때문이다.

여름이 되면 목자는 양들을 데리고 서너 달씩 나가서 생활한다. 그렇게 광야에서 양을 치다가 먹을 것이 떨어졌다고 하자. 그러면 주인은 양을 잡아먹을 것이다. 그러나 삯꾼 목자는 그럴 수가 없다. 자기 양이 아니기 때문이다. 잡아먹으면 물어내야 한다.

주인은 양이 정 말을 안 들으면 막대기로 때려서 다리를 부러뜨릴 수도 있다. 그러나 삯꾼 목자는 그럴 수가 없다. 자기 양이 아니기 때문이다. 양주인이 자기 양의 다리가 부러져 있는 것을 보면 어떻게 생각하겠는가? 그런 목자에게는 양을 맡기지 않을 것이다. 이 때문에 양이 계속 곁길로 가거나 말을 듣지 않아도 때릴 수가 없다.

삯꾼 목자는 양들을 잘 칠 뿐만 아니라 주인과도 좋은 관계를 맺어야 한다. 삯꾼 목자를 평가하는 것은 양들이 아니라 주인이다. 양들에게는 좋은 목자가 되어야 하고, 주인에게는 신실한 일꾼(종)이 되어야 한다. 삯꾼 목자는 무엇보다 주인에게 신뢰를 받아야 한다. 그래야 주인이 계속 자기 양들을 맡기기 때문이다.

달란트 비유에서처럼 만일 삯꾼 목자가 일 년 동안 양을 잘 쳐서 털도 많이 깎고 양도 불어났으면 주인은 다음 해에 더 많은 양을 맡길 것이다. 그리고 일 년 동안 수고했다고 자기 양들 가운데 몇 마리를 보너스로 줄 수도 있을 것이다. 그러나 삯꾼 목자가 양을 잃어버리거나, 다리를 부러뜨리기도 하고, 털도 많이 깎지 못했으면 주인은 그 목자를 해고할 것이다. 그리고 다른 사람에게 자기 양들을 맡길 것이다. 이 때문에 삯꾼 목자는 최선을 다해서 양을 쳐야 했다. 야곱이 바로 그랬다.

> 내가 이와 같이 낮에는 더위와 밤에는 추위를 무릅쓰고 눈 붙일 겨를도 없이 지냈나이다(창 31:40).

> 우리 아버지의 하나님, 아브라함의 하나님 곧 이삭이 경외하는 이가 나와 함께 계시지 아니하셨더라면 외삼촌께서 이제 나를 빈손으로 돌려보내셨으리이다마는 하나님이 내 고난과 내 손의 수고를 보시고 어젯밤에 외삼촌을 책망하셨나이다 (창 31:42).

예수님이 베드로에게 "내 양을 치라"고 하셨다. 목자가 되라고 하셨던 것이다. 우리가 주님을 사랑한다면 우리는 목자가 되어야 한다. 우리에게는 목장이 있어야 한다 그리고 양들이 있어야 한다. 그러나 그 양들은 내 양이 아니다. 하나님의 양이다. 우리는 삯꾼 목자다. 그러므로 더 성실하게, 더 책임감 있게, 더 신실하게, 더 열심히 내게 맡겨진 양들을 돌보아야 한다. 왜냐하면, 하나님 앞에서 우리에게 맡겨진 양들에 대해 결산할 날이 올 것이기 때문이다.

제9부

기름을 내 머리에
부으셨으니

45.
목자는 양들이 다쳤을 때 치료해 준다

　우리가 그려왔던 시편 23편의 양들은 저 푸른 초원 위에서 마음껏 풀을 뜯고 여기저기 한가로이 누워서 즐기는 그런 모습이었을 것이다. 그러나 그런 장면은 이스라엘에서는 전혀 볼 수 없다. 양들이 광야에 살기 때문이다. 그래서 양들은 하루 종일 거친 광야를 걸어 다녀야 한다. 험한 산을 오르락내리락해야 한다. 계곡도 지나야 한다. 그러다가 벼랑에 떨어지거나 돌부리에 넘어져서 다리가 부러질 수도 있다. 여기저기 상처가 날 수도 있다. 사실 이 양들은 어느 한 날 편할 날이 없는 양들이다. 목자는 매일매일 그들의 건강 상태를 잘 점검해야 한다. 상처 난 양이 있으면 치유하기 위해 올리브기름을 부어 준다.
　요르단의 베두인을 방문했을 때 다리가 부러진 양 한 마리를 보았다. 사연은 잘 모르지만 다니다가 비탈에서 넘어져서 다리가 부러졌을 수도 있다. 그러나 이 양은 또 다른 이유로 다리가 부러졌을 수도 있다. 목자가 때려서 다리를 부러뜨렸을 수도 있다. 양들이 무리에서 이탈해 혼자 멀리

가면 목자는 막대기를 휙 던져서 코앞에 떨어지게 한다. 그러면 양이 깜짝 놀라서 무리에게로 돌아온다. 경고용이다. 그러나 양들 가운데는 상습적으로 자꾸 길을 벗어나는 양이 있다. 이런 양들은 막대기로 다리를 부러뜨릴 정도로 때린다.

그렇게 되면 누가 고생하겠는가? 목자다. 양이 걷지 못하니까 목자가 목에 메거나 품에 안고 다녀야 하기 때문이다. 그것도 어린 양이면 덜하겠지만 큰 양이라면 얼마나 힘들겠는가?

그렇지만 목자는 그 양을 사랑하기 때문에 막대기를 드는 것이다. 하나님도 마찬가지다. 당신의 양들이 잘못된 길로 갈 때, 매(막대기)를 드신다. 정신 차리고 다른 길로 가지 말라고 그렇게 하시는 것이다.

> 대저 여호와께서 그 사랑하시는 자를 징계하시기를 마치 아비가 그 기뻐하는 아들을 징계함 같이 하시느니라 (잠 3:12).

> 주께서 그 사랑하시는 자를 징계하시고 그가 받아들이시는 아들마다 채찍질하심이라 하였으니 (히 12:6).

그 베두인 장막에서 하룻밤을 지내고 다음 날 아침에 일어나서 보니 다리가 부러진 그 양이 주인의 방에서 쪼그리고 앉아 있었다. 목자가 그 양이 안쓰러우니까 자기 방에서 재운 것이다. 그것을 보는 순간 가슴이 뭉클해졌다. 양을 향한 목자의 사랑을 느낄 수 있었다.

양을 살리기 위해 다리 몽둥이를 부러뜨려놓는 순간, 그때부터 목자는 엄청 고생을 하게 된다. 그 양을 계속 안고 다녀야 하기 때문이다. 양은 못 나가도 보통 70킬로그램은 된다. 그런 양을 하루 종일 어깨에 메거나 품에 안고 다닌다고 생각해 보라. 그래도 목자는 그런 고생을 감수하고 양에게 매를 댄다. 양을 살리기 위해서다.

목자에게 매 맞은 양은 회복되어서 혼자 걸어 다닐 수 있게 될 때까지 목자 품에 안겨서 다녀야 한다. 그 양이 완전히 회복될 때까지는 2주가 걸릴 수도 있고 한 달이 걸릴 수도 있다. 그동안 목자는 가장 가까운 곳에 그 양을 둔다. 그 양을 특별히 돌보아 준다. 관심을 둔다. 그러면서 그 양은 목자와 가까워진다. 목자의 사랑을 깨닫게 된다. 회복된 다음에도 그 양은 목자 가장 가까운 곳에서 목자를 따라다니게 된다.

하나님도 마찬가지다. 한 손으로는 때리시고 또 다른 한 손으로는 싸매신다. 우리를 치신 다음에는 우리를 싸매신다. 돌보아 주신다. 고쳐 주신다. 위로하신다. 특별히 관심을 두신다. 그렇게 하면서 하나님과의 관계가 회복되고, 하나님과 더 친밀하게 되고, 하나님의 사랑을 더 많이 체험하게 된다. 그리고 다시는 다른 길로 가지 않는다. 다시는 불순종하지 않는다. 그리고 누구보다 하나님을 사랑하게 된다.

46.
양들이 싸우지 못하도록 머리에 올리브기름을 부어 준다

동물의 세계에서는 어디나 다 서열이 있다. 사람 사는 세상에만 그런 것이 아니다. 양도 마찬가지다. 서열을 정하느라고 그 순한 양들도 치고받고 싸운다.

가을이 되면 양들은 짝짓기 철이기 때문에 대단히 민감해진다. 숫양들이 암컷을 차지하기 위해 서로 죽기 살기로 싸운다. 양들이 뿔로 꽝꽝 들이받고 싸우는 소리가 1마일 밖에서도 들릴 정도라고 한다. 뿔로 들이받고 싸우다가 서로 뿔이 엉켜서 풀어지지 않을 때도 있다. 그렇게 되면 둘 다 꼼짝못하고 서로 뒷발에 힘을 주고 버티다가 기진맥진하게 된다. 그래도 화해를 하지 않는다고 한다. 서로 박치기를 하는데, 그렇게 하다가 두개골에 손상을 입고 죽기도 한다고 한다.

스펄전 목사님은 "설교자와 그리스도인에게는 불이 있어야 한다, 성령의 불이 있으면 사람들이 불 구경하러 온다"라고 했다. 그런데 오늘날은 교회에 성령의 불이 꺼졌다. 냉랭하게 식어가고 있다. 그러니까 교회에 불구경하러 오는 사람이 없는 것이다. 불구경을 오는 것이 아니라 싸움구경을 하러 온다. 양들끼리 싸우는 것을 보러 온다.

양들은 아이러니하게도 자기의 생명을 위협하는 맹수들과는 싸우지 않으면서 자기들끼리는 피 터지게 싸운다. 외부의 적들과 싸워서 자신들을 지키지는 않고 자기들끼리 서로 들이받으면서 싸운다. 세상과 싸워서 이겨야 하는데, 세상과 싸우는 것이 아니라 안에서 싸운다. 악한 영적 세력과 공중 권세 잡은 영들과의 영적 전쟁에서 승리하기 위해 하나가 되어야 하는데, 교회 안에서 교인들끼리 싸우고 있는 것이다. 목자는 양들을 위해 생명을 걸고 맹수들로부터 지켜 주는데, 정작 양들은 자기들끼리 죽기 살기로 싸우는 것이다.

교회 밖에서 이겨야지 교회 안에서 이기면 무엇하는가? 교회 밖에서 이기고 세상에서 이기는 것이 진짜 승리이지 교회 안에서 다른 양과 싸워 이기는 것이 무슨 자랑인가? 늑대와 겨루어서 이겨야지, 나보다 약한 양이나 목자와 싸워서 이기는 것이 무슨 자랑인가? 악과 싸워서 이기고, 불의와 싸워서 이기고, 교회를 대적하고 그리스도를 대적하는 세력과 싸워서 이기고, 영적인 전쟁에서 이겨야 이기는 것이지, 선한 싸움에서 이겨야 이기는 것이지, 다른 양과 싸워서 이기는 것이 무슨 자랑인가?

이렇게 양들이 싸울 때 목자는 양들의 머리와 코에 올리브기름을 듬뿍 발라 준다. 그렇게 하면 이 기름이 미끈미끈해서 서로 부딪혀도 미끄러져 빗나가고 만다. 싸우는 모습이 우스꽝스럽다. 받으려고 해도 받쳐지지를 않는다. 미끄러지고 만다. 그러니까 조금 싸우다가 포기하고 만다. 서로 멍하니 바라보다가 싸움을 끝내고 만다.

이렇게 목자는 양들에게 싸우지 말라고 머리에 기름을 발라 준다. 싸우지 못하도록, 또 싸워도 다치지 않도록 하기 위해 머리에 기름을 발라 주는 것이다. 그렇게 기름을 발라 주지 않으면 끝까지 싸운다. 머리 터지게 싸운다. 그러다가 죽기도 한다.

47.
병에 걸리지 않도록 머리에 올리브기름을 부어 준다

목자가 상처를 치유하기 위해 양들에게 올리브기름을 발라 주는 것은 알겠는데, 왜 다른 곳이 아니라 머리에 기름을 발라 주는 것일까? 머리에 상처가 났기 때문일까? 아니면 특별히 머리에 기름을 바르는 다른 이유라도 있는 것일까?

양들에게 치명적인 원수는 늑대가 아니라 파리와 같은 곤충이다. 쇠파리, 말파리, 진디등에, 모기, 각다귀 등 양을 괴롭히는 곤충이 참으로 많다. 양은 이런 곤충들이 윙윙거리면서 날아다니면 자리에 눕지 못한다. 단지 파리가 귀찮게 해서 자리에 눕지 못하는 것이 아니라, 생명에 위협을 주기 때문에 눕지 못하는 것이다.

특히, 파리는 양의 콧속에 들어가 알을 낳는다. 콧속이 따뜻하기도 하고 점막으로 되어 있어서 끈끈하기 때문이다. 파리가 깐 알이 작은 유충이 되면 코를 타고 점점 몸속으로 들어간다. 그리고 뇌에까지 들어간다. 그러면 양은 너무 고통스럽고 괴로워서 자기 머리를 나무나 돌이나 땅바

닥에 마구 들이받는다고 한다. 그러면서 데굴데굴 구르기도 하고, 죽기도 하는데 대개는 눈이 먼다고 한다. 그렇기 때문에 파리가 윙윙거리면 양은 겁에 질린다. 파리는 기회를 노려 잘 보이지 않는 양의 콧속에 알을 낳는다. 은밀한 곳에 은밀한 중에 아주 작은 알을 낳는다.

파리가 양의 콧속에 알을 낳았는데도 가만히 내버려 두면 양은 죽게 된다. 알이 유충이 되기 전에 빨리 기름을 발라줘야 한다. 그래서 파리 떼가 극성을 피우면 목자는 양들의 머리에 올리브기름을 발라 주어 파리가 콧속에 알을 까지 못하게 한다. 또 이미 알을 낳았어도 기름을 부으면 콧속에 있는 기생충 알이나 유충들이 죽는다. 그렇기 때문에 양들의 머리에 기름을 발라 주는 것이다. 이렇게 머리에 올리브기름을 발라 주면 양들이 안심하게 된다. 파리 떼가 달려들어도 동요하지 않는다. 파리가 윙윙거려도 두려워하지 않는다. 불안해 하지 않는다.

사탄도 마찬가지다. 예수님이 가라지의 비유에서 말씀하신 것처럼 사탄은 아무도 모르게 한밤중에 밀밭에 가라지를 뿌린다. 은밀하게 우리의 마음속에 부정적인 생각과 의심을 심는다. 누군가가 우리에게 부정적인 생각을 심어 주면 빨리 그 생각을 뽑아버려야 한다. 누군가가 우리에게 작은 소리로 속삭일 때 조심해야 한다. 나만 알고 있으라는 말은 좋은 말이 아니다. 사탄이 자주 쓰는 말이다.

코끼리 조련사가 산중에서 야영을 하게 되었다. 코끼리는 밖에서 자고 조련사는 텐트를 치고 안에서 자고 있었다. 날이 점점 추워졌다. 코끼리가 조련사를 깨운다. 너무 추워서 그러니까 코만 텐트 안으로 넣을 수 있게 해 달라고 사정을 한다. 조련사는 안쓰러워서 그렇게 하도록 했다. 얼마 있다가 또 그 코끼리가 얼굴만 텐트 안에 넣을 수 있게 해 달라고 부탁을 한다. 그런데 그다음에는 허락도 받지 않고 슬그머니 한쪽 발을 텐트 안에 들여놓았다. 이렇게 코끼리는 슬금슬금 자기 몸을 텐트 안으로 다 집어넣고 나중에는 조련사를 밖으로 쫓아내 버렸다고 한다.

사탄이 우리 마음이나 생각 속에 둥지를 틀지 못하게 해야 한다. 새가 머리 위에서 왔다갔다 날아다니는 것은 어쩔 수 없다. 그러나 그 새가 머리 위에 둥지를 틀지 못하게 할 수는 있다. 사탄이 우리 안에 자리 잡지 못하게 해야 한다. 사탄에게 마음 한구석이라도 자리를 내주면 안 된다. 슬금슬금 기어들어 온다. 그러다가 나중에 다 차지한다. 그러므로 처음부터 자리 잡지 못하도록 해야한다.

날파리가 양의 생명을 위협하듯이 사탄이 우리를 끊임없이 위협하지 않는가? 목자가 날파리에게서 양을 보호하기 위해 기름을 발라 주듯이, 예수님께서 우리에게 성령의 기름을 부어 주실때, 감히 사탄이 우리를 해하지 못한다. 사탄이 우리에게 손대지 못하도록, 우리를 해치지 못하도록 예방하는 가장 좋은 방법은 성령의 기름 부음을 받는 것이다. 성령의 기름 부음을 받으면 파리떼(사탄)가 얼씬도 못할 것이다. 사탄이 우리 안에 까놓은 알들도 다 죽어 버리고 말 것이다.

파리가 극성을 부리는 계절에 목자가 양들의 머리에 기름을 매일 흠뻑 발라 주는 것은 파리가 콧속에 알을 낳는 것을 예방하기 위해서다. 그렇게 해 주지 않으면 나중에 큰 대가를 치르게 된다. 옛날에는 양이 병들어도 별다른 치료 방법이 없었다. 식초나 소금, 포도주, 약초를 통한 치료 방법밖에 없었다. 그러나 효과는 별로 없었다. 그렇기 때문에 예방이 최선의 방법이었다. 목자는 양들이 병들지 않도록. 항상 양들의 건강 상태를 점검하고 수시로 양들에게 기름을 부어 주어야 했다.

신앙생활도 그렇다. 기도는 문제 예방을 위해 가장 좋은 방법이다. 문제가 생긴 다음에 문제를 해결해 달라고 매달리며 기도하는 것보다 문제가 생기기 전에 문제가 생기지 않도록 미리 기도하는 것이 훨씬 지혜로운 것이다. 예수님도 시험에 들기 전에 시험에 들지 않도록 깨어 있어 기도하라고 하셨다. 문제가 생긴 다음에 문제 해결을 위해 기도하는 것은 한 발 늦은 기도다. 그런데 우리는 문제가 없을 때는 기도를 하지 않는다. 그러다가 문제가 터진 다음에 부랴부랴 기도하는 것이 우리의 모습이다.

　목자가 파리가 양의 콧속에 알을 까기 전에 미리 머리에 기름을 발라 주는 것처럼, 우리도 미리미리 예방하기 위해 기도하고, 예방하기 위해 준비하고, 예방하기 위해 성령 충만을 받아야 한다.

48.
상처가 감염되지 않도록 양에게 올리브기름을 부어 준다

　양들은 항상 모여 있다. 여름같이 더울 때도 양들은 서로 살과 살을 같이 대고 있으니 얼마나 더울까? 그런데 그렇지 않다고 한다. 양들은 모여 있으면 오히려 더 시원해진다고 한다. 그러나 이같이 무리를 이루는 습성이 좋지 않을 때가 있다. 한 마리가 병들면 금방 전염이 된다는 점이다. 전염병이 돌면 순식간에 많은 양을 잃어버릴 수도 있다. 그래서 양에게는 양이 가장 큰 적이라는 말이 있다.

　옴병은 피부병의 일종인데 이 병에 감염된 양과 접촉하면 옴병에 걸리게 된다. 한 마리만 감염되어도 순식간에 모든 양이 다 감염될 수 있다. 그래서 어떤 양이 옴병에 걸리게 되면 목자는 올리브기름을 상처난 곳에 발라 준다. 목자가 그 양에게 기름을 발라 주는 것은 그 양의 옴병을 낫게 하려는 목적도 있지만, 또 다른 목적도 있다. 다른 양들에게 옴병을 옮기는 것을 미리 막기 위해서다.

교회가 건강한 목장이 되는 것은 쉬운 일이 아니다. 한두 사람만 영적으로 병들어도 다른 사람들에게 금방 전염되는 곳이 교회다. 내가 지금 영적으로 건강하지 못하다면 성령의 기름 부음으로 치유를 받아야 한다. 그렇지 않으면 다른 사람들도 나처럼 병들게 된다.

다른 사람들이 나와 접촉하는 것을 꺼려 하는가? 그렇다면 내가 병에 걸리지 않았는지 잘 살펴보아야 한다. 주변에 영적으로 병든 사람이 많이 있는가? 그들에게 감염되지 않기 위해서 성령의 기름 부음을 받아야 한다.

제10부

내 잔이
넘치나이다

49.
유목민들에게 우물은
재산 목록 제1호

　형들이 요셉을 던졌던 웅덩이는 들판 한가운데 있었다. 사람이 마실 물을 모아 둔 웅덩이가 아니라 농사를 짓거나 양들에게 먹일 물을 모아 두는 웅덩이다. 목자는 여름이 되면 풀을 찾아서 서너 달 동안 계속 돌아다닌다. 그 뜨거운 여름에 풀 한 포기 없는 황량한 황무지에서 물을 찾아다니느라 얼마나 힘들고 지치겠는가?

　그러다가 이런 웅덩이를 만나면 양들이 물 냄새를 맡고 흥분을 한다. 목자는 두레박을 내려 물을 길어 올린다. 그러고는 웅덩이 곁에 물을 담도록 만들어 놓은 용기(물통)에 물을 계속 퍼붓는다. "내 잔이 넘치나이다"라고 했는데, 여기 잔은 컵이 아니라 양들에게 물을 마시도록 하기 위해 나무나 바위를 파서 만든 물 담는 통을 말한다.

　양이 50마리 있다고 하자. 그 50마리에게 물을 실컷 마시게 하려면 목자는 적어도 두 시간은 계속 물을 퍼올려야 할 것이다. 100마리라면 서너 시간 걸릴 것이다. 얼마나 힘든 일이겠는가?

그래도 목자는 힘들어하지 않는다. 양들이 맛있게 물을 마시는 모습을 보면서 이마에 땀이 줄줄 흘러도 흐뭇하다. 목자는 양들이 마음껏 물을 마실 수 있도록 계속해서 물을 집어 올린다. 물통에 물이 차고도 넘친다. 양들은 더없이 행복하다. 그때 양들이 하는 말이 있다.

"내 잔이 넘치나이다."

라헬이 하루 종일 양을 치다가 저녁때가 되어 집으로 돌아오는 길에 양들에게 물을 먹이려고 우물에 들렀다. 그 우물에 대해 성경은 이렇게 설명하고 있다.

> 야곱이 길을 떠나 동방 사람의 땅에 이르러 본즉 들에 우물이 있고 그 곁에 양 세 떼가 누워 있으니 이는 목자들이 그 우물에서 양 떼에게 물을 먹임이라 큰 돌로 우물 아귀를 덮었다가 모든 떼가 모이면 그들이 우물 아귀에서 돌을 옮기고 그 양 떼에게 물을 먹이고는 우물 아귀 그 자리에 다시 그 돌을 덮더라(창 29:1-3).

라헬이 이 우물가로 양 떼를 몰고 오자 야곱이 우물 아귀에서 돌을 옮기고 그 양 떼에게 물을 먹였다. 그 후에 자기를 소개하고는 라헬을 끌어 안고 울었다. 이렇게 목자는 양들을 위해서 우물이나 웅덩이에서 물을 길어 올린다. 그리고 마음껏 마시게 한다. 그럴 때 양들은 "내 잔이 넘치나이다"라고 고백한다.

아브라함과 롯의 목자들이 서로 다투었는데 바로 이 우물 때문이었다. 양들에게 마시게 할 물이 충분하지 않자, 서로 자기 양에게 먼저 물을 마시게 하려고 싸움이 일어난 것이다. 이런 일이 잦아지자 결국은 아브라함과 롯이 헤어지고 만다.

성경에 나오는 이삭에 관한 이야기의 대부분이 바로 이 우물과 관련된 것이다. 마치 이삭은 평생 우물만 파다 만 사람처럼 보인다.

고대 유목민들에게 우물은 재산 목록 제1호였다. 우물이 많아야 양 들을 많이 칠 수 있기 때문이다. 이삭처럼 우물을 많이 가지고 있는 목자가 치는 양들은 항상 "내 잔이 넘치나이다"라고 노래할 수 있다. 이렇게 양들은 목자를 잘 만나야 그들의 "잔"이 넘치게 된다.

시편 23편 1절에서는 "내게 부족함이 없으리로다"라고 고백한다. 그러나 5절에 가서는 "내 잔이 넘치나이다"라고 고백한다. 하나님은 어떤 때는 우리에게 필요한 것을 필요한 만큼 채워 주신다. 그러나 어떤 때는 우리에게 차고도 넘치게 채워 주신다. 그래서 흘러 넘치게 하신다.

> 자기 아들을 아끼지 아니하시고 우리 모든 사람을 위하여 내주신 이가 어찌 그 아들과 함께 모든 것을 우리에게 주시지 아니하겠느냐(롬 8:2).

> 나의 하나님이 그리스도 예수 안에서 영광 가운데 그 풍성한 대로 너희 모든 쓸 것을 채우시리라(빌 4:19).

> 내가 온 것은 양으로 생명을 얻게 하고 더 풍성히 얻게 하려는 것이라(요 10:10).

바울은 기도하는 가운데 이런 음성을 들었다.

> 내 은혜가 네게 족하도다(고후 12:9).

즉, "그만하면 충분하다. 더 이상 무엇을 바라느냐"라는 말씀이다. 그렇다. 우리가 분에 넘치는 은혜와 축복과 사랑을 받고 살아왔다는 사실을 깨달을 때 "내 잔이 넘치나이다"라고 고백할 수밖에 없다. 내가 누구인가를 아는 사람은, 하나님이 우리를 얼마나 사랑하시는가를 아는 사람은 "내 잔이 넘치나이다"라고 고백할 수밖에 없다. 구원의 은혜를 아는 사람은, 주님이 주신 축복을 아는 사람은, 주님의 사랑을 아는 사람은 "내 잔이 넘치나이다"라고 고백할 수밖에 없다.

　우리가 살아가는 데 있어서 정말 필요한 것들은 다 거저 은혜로 주어진 것임을 깨달을 때 우리는 "내 잔이 넘치나이다"라고 고백할 수밖에 없다. 우리가 받은 것 중 어느 것 하나 그분이 주시지 않은 것이 없다는 사실을 깨달을 때 "내 잔이 넘치나이다"라고 고백할 수밖에 없다. 인생이 선물이라는 사실을 깨달을 때 우리는 인생에 대해 감사하는 태도로 살아갈 것이다. 그때 우리는 지금 내 잔이 얼마나 채워져 있든지 간에 "내 잔이 넘치나이다"라고 고백할 수 있다.

제11부

선하심과 인자하심이
반드시 나를 따르니

50.
양은 목자를 100퍼센트 신뢰한다

내 평생에 선하심과 인자하심이 반드시 나를 따르리니(시 23:6¹).

여기 "반드시"는 시편 23편에 나오는 유일한 부사이다. 히브리어 원문에는 이 단어가 이 문장의 맨 앞에 위치하고 있다.

"반드시 내 평생에 선하심과 인자하심이 나를 따르리니."

이런 뜻이다. "내가 확신하는 것이 있습니다. 내가 100퍼센트 믿는 것이 있습니다. 내가 자신 있게 말할 수 있는 것이 있습니다. 그것은 주님의 선하심과 인자하심이 평생 나를 따를 것이라는 것입니다. 나는 이 사실을 추호도 의심하지 않습니다."

우리의 인생에 대해 확신할 수 있는 것이 무엇이 있는가? 아무것도 없다. 하루 앞도 내다볼 수 없는 것이 우리 인생이다. 그런데 다윗은 미래에 대한 확신을 가지고 있다. 그것은 어떤 일이 있어도 평생 동안 주님의 선하심과 인자하심이 그와 항상 함께하실 것이라는 확신이다.

양은 잘 알고 있다. 내일도 험한 산꼭대기에 올라가야 한다는 것을, 황량한 사막을 걸어가야 한다는 것을, 험한 골짜기를 지나가야 한다는 것을, 구덩이에 빠지거나 벼랑에 떨어질지도 모른다는 것을, 길을 잃어버리게 될지도 모른다는 것을, 이리나 하이에나가 항상 쫓아다닌다는 것을 … 그러나 양은 내일 일을 염려하거나 걱정하지 않는다. 두려워하지 않는다. 목자를 믿기 때문이다. 신뢰하기 때문이다.

양이 목자를 따라가는 것은 목자를 믿고 신뢰하기 때문이다. 양이 사망의 음침한 골짜기를 다닐 때도 두려워하지 않는 것은 목자를 신뢰하기 때문이다. 양이 눈앞에 하이에나나 늑대가 도사리고 있어도 두려워하지 않고 꼴을 먹을 수 있는 것은 목자를 그만큼 신뢰하기 때문이다.

제2차 세계 대전 직후에 한 고아원에서 있었던 일이다. 배고프고 굶주리고 헐벗은 아이들을 오랜만에 마음껏 먹게 했다. 그런데 이상하게도 아이들이 밤에 잠을 잘 자지 못하는 것이었다. 심리학자가 와서 살펴보고는 자기 전에 아이들에게 작은 빵 조각 하나씩을 손에 쥐어 주었다. 그러자 신기하게도 아이들이 잠을 잘 잤다.

이유가 무엇일까? 그 아이들은 만날 굶주려 왔기 때문에 그날은 배부르게 먹었지만, 다음날도 그렇게 먹을 수 있을지 몰라 불안했던 것이다. 그래서 다음 날 먹을 빵을 손에 들려주자 안심하고 잠을 잤던 것이다.

양이 푸른 풀밭에 누울 수 있는 것은 목자가 배부르게 먹여 주었기 때문이기도 하지만, 오늘뿐만 아니라 내일도 배부르게 해 줄 것이라고 믿기 때문이다. 양들은 목자를 절대적으로 신뢰하기 때문에 우리처럼 내일 먹을 것에 대해 걱정하지 않는다. 양들은 목자를 절대적으로 신뢰하기 때문에 우리처럼 밤잠을 자지 못하고 걱정하거나 근심하는 일이 없다.

어떤 목사님이 걱정되는 일이 있어서 밤새 한잠도 못 자고 기도하고 있었다. 그러자 예수님이 이렇게 말씀하셨다고 한다.

"내가 다 알아서 처리할 테니까 너는 염려하지 말고 가서 자도록 하거라."

기도한 것을 이루어 주실 줄로 믿으면 한두 시간 기도하고 가서 잘 것이다. 잠을 이루지 못하고 밤새워 기도하는 것은 어떻게 보면 믿음이 없다는 표시일 수도 있다.

대통령의 목에 칼을 들이대도 잡히지 않는 사람이 있다. 이발사다. 이발소에 가서 면도를 할 때, 대부분 사람이 무엇을 하는지 아는가? 잔다. 어떤 사람은 코까지 골면서 잔다. 자기 목에 칼을 들이대는데도 코를 골고 자는 것이다. 이것이 바로 신뢰다. 그런데 우리는 이발사는 그렇게 신뢰하면서도 하나님은 신뢰하지 않는다.

미국 화폐에는 "In God We Trust"라고 쓰여 있다. 돈은 우리에게 자기를 의지하지 말고 하나님을 의지하라고 말하고 있는데, 우리는 어떤가?

51.
양들을 요람에서 무덤까지 책임져 주는 목자

시편 23편은 양과 목자의 하루 일과를 잘 보여 준다. 매일 아침이 되면 목자는 양들을 몰고 푸른 풀밭과 물가로 데리고 가서 마음껏 풀을 뜯어 먹게 한다. 배부른 양들은 풀밭이나 그늘에 누워 쉰다(시 23:2). 그러다가 점심때가 되면 목자는 새로운 풀밭으로 양들을 데리고 간다.

대개의 경우 풀밭은 건너편 산에 있다. 그곳으로 가려면 산 아래로 내려가야 한다. 이때 목자들은 양들을 "의의 길"(안전한 길)로 조심해서 내려오게 한다(시 23:3). 이제 양들은 골짜기를 통과해야 한다(시 23:4). 그리고 산 위로 다시 올라가야 한다. 오후쯤 되면 새로운 풀밭에 이른다. 그곳에서 양들은 다시 풀을 뜯어 먹는다. 맹수들이 양을 노리고 있지만 목자가 지키고 있기 때문에 어떻게 할 수가 없다. 목자가 있기 때문에 양들은 원수들의 목전에서 마음껏 꼴을 뜯는다(시 23:5). 그러는 동안 해가 뉘엿뉘엿 저문다. 목자는 양들을 데리고 집으로 돌아온다. 목자는 양들을 우리로 들여보내면서 문에 서서 한 마리 한 마리 체크한다. 상처가 났거나 병이 난 것 같으면 양들의 머리에 올리브기름을 발라 준다(시 23:5-6). 그런 다음 양들은 우리 안에서 편안하게 안식을 취한다.

> 내 평생에 선하심과 인자하심이 반드시 나를 따르리니(시 23:6).

이것은 하루 일과를 마치고 집으로 무사히 돌아온 양들의 고백이다. 선한 목자의 돌보심과 인도하심 가운데 하루를 무사히 마치고 양들은 집으로 돌아왔다. 그러나 내일도 위험한 길을 걸어야 한다. 산에 올라가야 한다. 위험한 비탈길을 내려와야 한다. 사망의 골짜기를 다녀야 한다. 내일도 늑대가 따라올 것이다. 그러나 양들은 조금도 걱정하거나 염려하거나 두려워하지 않는다. 선한 목자가 내일도 모레도 "선함과 인자함"으로 돌보아 줄 것을 믿기 때문이다.

또한, 시편 23편은 양들이 1년 주기로 어떻게 살아가는지도 잘 보여 준다. 봄은 양들이 제일 좋아하는 계절이다. 날씨도 덥지 않고 어디에나 풀이 있어 멀리까지 갈 필요도 없다. 어디를 가나 푸른 풀밭과 쉴 만한 물가이다(시 23:2).

여름이 되면 점점 풀이 말라가고 물을 찾기가 쉽지 않다. 그래서 이곳저곳으로 풀밭과 물을 찾아다녀야 한다. 지금도 베두인들은 여름에는 여자들이 집을 지키고, 남자들은 서너 달 동안 집을 떠나 먼 곳으로 돌아다니면서 양을 친다. 이렇게 한여름에 풀과 물을 찾아 여기저기 다니다 보면 사망의 음침한 골짜기도 지나가야 하고 맹수들도 만나게 된다(시 23:3-4).

여름 내내 밖에서 지내다 가을이 되면 다시 집으로 돌아온다. 집으로 돌아오면 목자는 양 한 마리 한 마리를 일일이 다 건강 상태를 살펴보고 올리브기름을 발라서 치유해 준다(시 23:5).

겨울이 되면 양은 양우리에서 지낸다. 그때는 더이상 험한 산을 헤매지 않아도 된다. 더이상 사망의 음침한 골짜기를 지나지 않아도 된다. 원수(맹수)를 걱정할 필요도 없다. 겨울 동안 양들은 우리에서 편히 쉰다(시 23:6).

우리 인생에도 봄, 여름, 가을, 겨울이 있다. 인생의 봄인 청소년기와 청년기에는 우리 앞에 푸른 풀밭과 쉴 만한 물가가 펼쳐져 있다. 그 시기에는 누구나 다 "여호와는 나의 목자시니 내게 부족함이 없으리로다"라고 고백한다.

청년기를 지나 장년기에 이르면, 계절로 말하자면 여름이다. 뜨거운 태양, 타는 목마름, 거친 광야 … 푸른 풀밭과 쉴 만한 물가를 찾기가 어렵다. 모든 것이 불안하기만 하다. 확실한 것은 없다. 우리는 광야 한가운데로 들어가게 된다. 험한 산을 넘어야 한다. 사망의 음침한 골짜기를 다녀야 한다. 수많은 삶의 위기를 만나게 된다. 맹수에게 쫓긴다. 그러나 우리가 인생의 여름을 지날 때도 주님의 선하심과 인자하심이 우리와 함께하시기 때문에 무사히 그 모든 위기를 넘기게 된다.

노년기는 인생의 가을이라고 할 수 있는데, 그때 우리의 선한 목자 되시는 하나님은 우리에게 원수들 앞에서 보라는 듯이 상을 차려 주시고, 우리의 지친 몸과 영혼을 회복시켜 주시며, 우리의 잔을 넘치도록 채워 주신다.

마지막으로 인생의 겨울이 다가와 죽음을 눈앞에 두면 우리는 영원히 거하게 될 여호와의 집(천국)을 소망하게 된다.

우리의 목자 되시는 하나님의 선하심과 인자하심은 인생의 봄에만 우리를 따르는 것이 아니고 인생의 여름에도, 가을에도 그리고 겨울에도 우리를 따른다. 그러므로 우리도 다윗과 더불어 "내 평생에 선하심과 인자하심이 반드시 나를 따르리니"라고 고백할 수 있는 것이다.

52.
주님의 선하심과 인자하심은 되돌아보아야만 볼 수 있다

〈도망자〉(Fugitive)와 같은 영화들을 보면 죄수들이 탈옥해서 목숨 걸고 도망친다. 그러면 그 탈주범들을 잡기 위해 경찰이 끝까지 따라붙는다. 결국, 탈주범은 붙잡히고 만다. "나를 따르리니"라는 표현은 바로 탈주범들을 붙잡기 위해 쫓아갈 때 사용하는 표현이다. FBI가 범인을 추적하듯이 하나님의 선하심과 인자하심이 우리를 따라붙는다는 고백이다.

미국이 빈 라덴을 찾기 위해 문자 그대로 땅끝까지, 동굴과 지하까지 어마어마한 군사 장비를 동원해서 추적하지 않았는가? 그렇게 하나님의 선하심과 인자하심이 우리를 추적하고 있다는 것이다. 하나님의 추적에서 벗어날 수 있는 사람은 아무도 없다.

요나를 보라. 결국, 땅끝까지, 바다 한가운데까지 쫓아가셔서 그를 붙잡아 가지고 오지 않으셨는가? 우리가 하나님의 자녀라고 하면 우리는 결코, 하나님에게서 도망갈 수 없다. 하나님은 지구 끝까지라도 쫓아오실 것이다. 우리가 죽을 때까지, 죽는 그 순간까지도 우리를 포기하지 않으시고 우리를 추적해 오실 것이다.

주님이 우리의 목자가 되시지만 그런데도 이리나 하이에나가 끊임없이 우리를 노리고 추격해 온다. 그러나 우리는 염려하거나 두려워하지 않는다. 왜냐하면, 이리나 하이에나만 우리를 따라붙는 것이 아니라 주님의 선하심과 인자하심이 우리를 따라붙고 있기 때문이다. 그러므로 우리는 결코, 해를 받지 않을 것이다.

양이 많을 때는 목자가 앞에서 인도하면 뒤처진 양들을 혹시라도 이리나 하이에나가 물어갈까봐 목자는 뒤쪽에 두 마리 개를 따라오게 한다. 양들을 지키게 하는 것이다. 그러면 뒤에 오는 양들도 안전하게 목자를 따라갈 수 있다. 양을 지키기 위해 뒤에서 쫓아오는 두 마리 개가 바로 하나는 주님의 선하심이고, 또 다른 하나는 주님의 인자하심이라고 이해하면 될 것이다. 앞에서는 예수님이 우리의 목자가 되셔서 우리가 가는 길을 인도해 주시고, 뒤에서는 주님의 선하심과 인자하심이 우리를 보호하며 따라오고 있기 때문에 그 무엇도 우리를 해하지 못할 것이다. 가끔씩 주님의 선하심과 인자하심이 느껴지지 않을 때가 있다. 왜 그런가? 앞만 보기 때문이다. 내가 당하고 있는 어려운 현실만 바라보기 때문에 그렇다. 사망의 골짜기만 바라보니까, 나를 쫓아오는 이리나 하이에나만 바라보니까 그렇다.

다윗은 주님의 선하심과 인자하심이 우리를 인도하는 것이 아니라 우리를 따라온다고 했다. 그러므로 우리가 주님의 선하심과 인자하심을 보려면 뒤를 돌아다보아야 한다.

주님의 선하심과 인자하심이 의심되는가? 믿어지지 않는가? 되돌아보라. 과거를 돌아보라. 지난날 베풀어 주신 하나님의 은혜와 사랑과 축복을 되돌아보라. 주님의 선하심과 인자하심이 보일 것이다. 당신의 뒤에서 주님의 선하심과 인자하심이 따라오고 있음을 발견하게 될 것이다.

제12부

내가 여호와의 집에
영원히 살리로다

53.
유목민들의 십팔번,
"인생은 나그네길"

아브라함은 가나안에 들어올 때부터 엄청난 부자였다(창 12:5). 그러면 아브라함이 얼마나 좋은 집에 살았을까? 아브라함이 가나안 땅에 들어와 최초로 머문 곳은 벧엘이었다. 그곳에서 그는 장막(tent)을 치고 살았다(창 12:8). 세월이 한참 흐른 다음에도 아브라함은 여전히 장막에서 살았다.

> 여호와께서 마므레의 상수리나무들이 있는 곳에서 아브라함에게 나타나시니라 날이 뜨거울 때에 그가 장막 문에 앉아 있다가(창 18:1).

그가 집을 짓지 않고 장막에서 산 이유가 무엇일까? 땅이 없어서 그랬을까? 그렇다면 땅을 사면 될 것 아닌가?

그러나 그는 땅을 사지 않았다. 그들은 농사짓는 사람이 아니라 양을 치는 유목민이었기 때문이다. 유목민은 어느 한 곳에 정착해 살 수가 없다. 양들을 치기 위해 계속 이동해야 한다. 그래서 집을 짓고 살 수가 없었던 것이다.

아브라함은 헤브론 사람들에게 아내 사라를 위하여 장지를 살 때 이렇게 말한다.

> 나는 당신들 중에 나그네요 거류하는 자이니 당신들 중에서 내게 매장할 소유지를 주어 내가 나의 죽은 자를 내 앞에서 내어다가 장사하게 하시오(창 23:41).

야곱도 바로 앞에서 자기의 인생을 이렇게 회고한다.

> 야곱이 바로에게 아뢰되 내 나그네 길의 세월이 백삼십 년이니이다 내 나이가 얼마 못 되니 우리 조상의 나그네 길의 연조에 미치지 못하나 험악한 세월을 보내었나이다 하고(창 47:91).

지금도 광야에서 양을 치며 살아가는 베두인들은 아브라함과 이삭, 야곱이 그랬던 것처럼 장막에서 살고 있다. 그들은 몇천 년 동안 그들만의 관습과 풍습과 생활 방식, 문화를 유지하면서 살아가고 있는데, 그들을 통해서 우리는 성경 시대의 족장들이 어떻게 살았을지를 유추할 수 있다. 그뿐만 아니라 출애굽 한 이스라엘 백성이 어떻게 40년 동안 광야에서 살아남을 수 있었는지 그리고 광야에서 어떻게 살았을지를 짐작할 수 있다. 광야에서 이스라엘 백성은 이런 장막에서 살았다.

> 이스라엘 자손은 막사(장막, chana)를 치되 그 진영별로 각각 그 진영과 군기 곁에 칠 것이나(민 1:52).

그들은 이집트에서 나갈 때 수십만 마리의 양과 염소를 데리고 나갔다. 그랬기 때문에 광야에서도 염소 털로 장막을 짓거나 찢어지면 보수하면서 살 수 있었다. 장막에서 살던 이스라엘 사람들에게는 집을 짓고 사는 것이 소원이었을 것이다. 그래서 성경은 가나안에서의 삶을 이렇게 표현하고 있다.

> 네가 먹어서 배부르고 아름다운 집을 짓고 거주하게 되며 또 네 소와 양이 번성하며 네 은금이 증식되며 네 소유가 다 풍부하게 될 때에 (신 8:12-13).

베두인들의 장막은 염소 털로 만들기 때문에 통풍이 잘되고 비가 와도 잘 젖지 않는다. 더울 때는 늘어나서 바람이 잘 통하고, 비가 오거나 추울 때는 오그라들어서 바람이 통하지 않는다. 그래서 여름에는 시원하게 해 주고 겨울에는 따뜻하게 해 준다. 광야는 낮에는 덥지만, 밤에는 온도가 뚝 떨어진다. 염소 털로 만든 장막은 한낮의 더위를 식혀 주고 밤중의 한기를 덜어 준다. 그래서 장막은 광야에서 생활하기에 안성맞춤이다.

장막은 기다랗게 일자 모양으로 되어 있으며, 안은 염소 모피로 만든 휘장으로 칸막이를 해서 여러 개의 방으로 나뉘어 있다. 이 때문에 옆에서 무슨 이야기를 하는지 다 들을 수 있다. 세 천사가 아브라함의 장막을 방문했을 때 사라는 옆방에서 손님들이 이야기하는 소리를 다 듣고 킥킥 웃었다. 그러자 손님들도 사라의 웃음소리를 듣고는 왜 웃느냐고 핀잔을 주었다. 사라는 언제 웃었느냐고 딱 잡아뗐었다 (창 18:10-15). 장막이기 때문에 가능한 이야기다.

내가 방문했던 베두인은 한 개의 장막에 방이 네 개 있었다. 거실과 자녀들이 묵는 방, 주인 내외가 머무는 방이 있었다. 그리고 맨 끝에 있는 방은 양들이 차지하고 있었다. 양 우리를 따로 만든 것이 아니라, 장막의 한 켠을 양 우리로 사용했던 것이다.

식구가 늘거나 부자가 되면 기존의 천막에 다른 천막을 이어 새집을 만든다. 새로 짓는 것이 아니라 이어 붙이는 것이다. 장막 터를 넓히는 문제를 줄을 길게 하고 말뚝을 견고하게 해야 한다고 언급한 이사야도 이 과정을 염두에 두었던 것 같다(사 54:2, 장막은 보통 대물림을 한다. 장막을 만드는 데 많은 염소 털이 필요하기 때문이다).

이렇게 이스라엘 백성은 장막에서 살았기 때문에 가나안에 정착해서 집을 짓고 살 때도 집을 "장막"이라고 표현했다.

> 그대는 여기서 유숙하여 그대의 마음을 즐겁게 하고 내일 일찍이 그대의 길을 가서 그대의 집(*ohel*, 장막)으로 돌아가라 하니(삿 19:9).

> 모든 백성이 일제히 일어나 이르되 우리가 한 사람도 자기 장막(*ohel*)으로 돌아가지 말며 한 사람도 자기 집(*bait*)으로 들어가지 말고(삿 20:8).

와디 럼 광야에서 머물렀던 베두인 장막

이스라엘 사람 삼천 명을 택하여 그 중에서 이천 명은 자기와 함께 믹마스와 벧엘 산에 있게 하고 일천 명은 요나단과 함께 베냐민 기브아에 있게 하고 남은 백성은 각기 장막으로 보내니라(삼상 13:2).

여덟째 날에 솔로몬이 백성을 돌려보내매 백성이 왕을 위하여 축복하고 자기 장막으로 돌아가는데 여호와께서 그의 종 다윗과 그의 백성 이스라엘에게 베푸신 모든 은혜로 말미암아 기뻐하며 마음에 즐거워하였더라(왕상 8:66).

와디 럼 광야에 갔을 때 머물렀던 베두인 장막

장막과 관련해서 여러 가지 다양한 표현이 성경에 많이 나온다.

(1) 장막 줄이 끊어지면 장막이 무너지게 된다. 그래서 죽음을 장막 줄이 끊어지는 것에 비유하기도 한다.

> 장막 줄이 그들에게서 뽑히지 아니하겠느냐 그들은 지혜가 없이 죽느니라(욥 4:21).

> 나의 거처는 목자의 장막을 걷음 같이 나를 떠나 옮겨졌고(사 32:18).

(2) 장막이 무너지는 것보다 더 절망스러운 일은 없을 것이다. 그래서 절망을 표현할 때 장막이 무너졌다는 표현을 한다.

> 내 장막이 무너지고 나의 모든 줄이 끊어졌으며 내 자녀가 나를 떠나가고 있지 아니하니 내 장막을 세울 자와 내 휘장을 칠 자가 다시 없도다(렘 10:20).

(3) 장막이 안전하려면 천막 줄이 팽팽하게 당겨져 있어야 하고, 말뚝이 깊이 박혀 있어야 한다.

> 우리 절기의 시온성을 보라 네 눈이 안정된 처소인 예루살렘을 보리니 그것은 옮겨지지 아니할 장막이라 그 말뚝이 영영히 뽑히지 아니할 것이요 그 줄이 하나도 끊어지지 아니할 것이며(사 33:20)

(4) 장막 터가 넓어지는 것은 부자가 된다는 것을 의미한다.

> 네 장막 터를 넓히며 네 처소의 휘장을 아끼지 말고 널리 펴되 너의 줄을 길게 하며 너의 말뚝을 견고히 할지어다(사 54:2)

히브리서 기자는 아브라함이나 야곱 같은 믿음의 사람들이 이 땅에서 집을 짓지 않고 산 것은 더 나은 본향을 바라보며 살았기 때문이라고 한다.

> 믿음으로 그가 이방의 땅에 있는 것 같이 약속의 땅에 거류하여 동일한 약속을 유업으로 함께 받은 이삭 및 야곱과 더불어 장막에 거하였으니 이는 그가 하나님이 계획하시고 지으실 터가 있는 성을 바랐음이라(히 11:9-10).

바울은 이 세상에서 우리는 일시적인 거주지인 장막에 살지만, 하나님 나라에서는 영원한 거주지인 집에서 살게 될 것이라고 한다.

> 만일 땅에 있는 우리의 장막 집이 무너지면 하나님께서 지으신 집 곧 손으로 지은 것이 아니요 하늘에 있는 영원한 집이 우리에게 있는 줄 아느니라(고후 5:1).

그런가 하면 베드로는 우리의 몸(육신)을 장막에 비유하면서 우리가 육신의 장막을 벗는 날 영원한 장막에 거하게 될 것이라고 확신하고 있다.

> 내가 이 장막에 있을 동안에 너희를 일깨워 생각나게 함이 옳은 줄로 여기노니 이는 우리 주 예수 그리스도께서 내게 지시하신 것 같이 나도 나의 장막을 벗어날 것이 임박한 줄을 앎이라(벧후 1:13-14).

54.
양도 저녁이 되면
양 우리로 돌아간다

    양들은 이곳에서 저곳으로, 이 산에서 저 산으로 하루 종일 옮겨 다닌다. 그러다가 저녁이 되면 집으로 돌아온다. 그리고 한밤을 아늑한 우리에서 지내게 된다.
    여름에는 서너 달씩 나가 있는다. 그래서 해가 저물면 산이나 들판에서 야영을 한다. 때로는 동굴 같은 곳에서 보내기도 하지만, 대부분은 아무런 시설도 없는 곳에서 이슬을 맞으면서 밤을 지내야 한다. 그런 생활을 여름 내내 해야 하니 얼마나 피곤하겠는가? 그리고 얼마나 집이 그립겠는가? 그러다가 가을이 다가오면 집으로 돌아간다. 겨울 내내 따뜻하고 아늑한 우리에서 지낸다.
    바로 우리 삶의 모습과 똑같다. 이 세상에서 우리는 정처 없이 나그네처럼 떠돌이처럼 살다가 인생 여정이 끝나고 인생의 황혼이 찾아오면 우리의 본향 집으로 돌아가게 될 것이다.

내가 여호와의 집에 영원히 살리로다(시 23:6).

　출애굽때 이스라엘 백성은 구름기둥이나 불기둥이 멈추면 그들도 멈추고 텐트를 쳤다. 그러다가 구름기둥이나 불기둥이 움직이면 다시 텐트를 걷었다. 어떤 때는 생각보다 오래 머물 때도 있고, 어떤 때는 하루 만에 움직일 때도 있었을 것이다.
　하루 이틀도 아니고 1년 2년도 아니고 40년을 그랬으니 얼마나 고달팠겠는가? 그래서 지금도 유대인들은 장막절을 지키면서 조상들이 광야에서 고생하던 때를 회상한다.
　언제 구름기둥과 불기둥이 움직일지 모르기 때문에 광야의 이스라엘 백성은 언제든지 떠날 준비가 되어 있었다. 이것이 바로 이 세상에서의 우리의 삶이다. 하나님의 약속의 땅 가나안에 들어가기까지 우리는 결국, 이 세상에서 텐트를 치고 사는 것이다. 나그네로서 살아가는 것이다.
　이 세상은 우리의 집이 아니다. 우리가 살고 있는 이 집은 하룻밤 머물고 가는 임시 피난처에 지나지 않는다. 우리는 이곳에서 임시로 거주하고 있는 것뿐이다. 하늘나라가 바로 우리의 영원한 집이다. 양들이 겨울이 되면 본래 우리로 돌아가는 것처럼 우리도 때가 되면 목자의 인도를 따라 우리의 영원한 본향 집으로 돌아가게 될 것이다. 그리고 그곳에서 영원히 살게 될 것이다. 그래서 시편 23편은 이렇게 끝나고 있다.

　… 내가 여호와의 집에 영원히 살리로다(시 23:6).

55.
우리에게도 돌아갈 집이 있다

목자는 하루 일과가 끝나면 양들을 다 양우리로 인도해 간다. 또 여름 내내 임시 우리에서 지내던 양들은 가을이 되면 겨울 동안 지내게 될 목자의 집으로 돌아간다. 우리의 인생도 마찬가지다. 인생의 해가 뉘엿뉘엿 저물어갈 때, 인생의 겨울이 다가오면 하나님은 우리를 영원한 본향 집에 이르게 하실 것이다. 그리고 그곳에서 영원한 안식을 누리게 하실 것이다.

영철이와 철수가 시간 가는 줄도 모르고 어둑어둑해질 때까지 땅따먹기 놀이를 하고 있었다. 영철이는 땅을 많이 따서 의기양양했고, 철수는 조금밖에 따지 못해서 의기소침했다. 그때 철수 엄마가 부르는 소리가 들려왔다.

"철수야, 그만 들어와서 밥 먹어라."

그러자 철수는 미련 없이 딴 땅을 다 버리고 집으로 달려갔다. 그런데 영철이는 우두커니 혼자 남아 있다. 아무도 부르는 사람이 없다. 집 없는 아이인 것이다. 땅을 아무리 많이 땄으면 뭐 하는가? 돌아갈 집이 없는데,

아무도 기다리는 사람이 없는데 ….

　인생이 이런 것이다. 모두가 다 지금 땅따먹기 놀이를 하고 있다. 조금이라도 더 따려고 애를 쓴다. 그러나 인생의 해가 뉘엿뉘엿 저물고, 때가 되면 주님께서 우리에게 오라고 하실 것이다. 그러면 그동안 딴 땅을 다 버리고 가야 한다. 우리는 주님께서 오라고 하실 때 미련 없이 이 세상의 모든 것을 다 버려두고 달려가 주님의 품에 안길 것이다. 그리고 그곳에서 영원히 살 것이다.

　그러나 인생의 해가 뉘엿뉘엿 다 저물어 이 세상을 떠나야 하는 데도 돌아갈 집이 없는, 하늘나라에 거할 처소가 마련되어 있지 않은 사람들이 있다.

　탕자가 집으로 돌아갈 수 있었던 이유가 무엇인가? 돌아갈 집이 있었기 때문이다. 탕자에게 집이 없었다고 한다면 그는 평생 돼지 우리에서 돼지를 치며 돼지가 먹는 쥐엄 열매를 먹으며 돼지처럼 살아야 했을 것이다. 우리가 이 세상을 떠나도 돌아갈 집이 있다는 것이 얼마나 큰 축복인지 모른다.

> 내 아버지 집에 거할 곳이 많도다 그렇지 않으면 너희에게 일렀으리라 내가 너희를 위하여 거처를 예비하러 가노니 가서 너희를 위하여 거처를 예비하면 내가 다시 와서 너희를 내게로 영접하여 나 있는 곳에 너희도 있게 하리라 (요 14:2-3).

56.
양이 우리에 들어가려면

　목자가 양을 치다가 밖에서 밤을 지내야 할 때 동굴이 있으면 다행이지만, 마땅한 은신처가 없을 때는 임시 우리를 만든다. 주변에 있는 잡목이나 돌을 이용해서 울타리를 만든 다음, 그 위에 가시나무를 올려놓는다. 그러면 양도 밖으로 뛰어넘어가지 못하고, 늑대도 그곳으로 넘어오지 못한다.

　양 우리는 사방으로 둘러싸여 있으나 한쪽은 조금 열려 있다. 양들이 들어오고 나갈 수 있도록 만들어 놓은 입구다. 그러나 거기에 문은 없다. 늑대가 우리로 들어올 수 있는 유일한 방법은 그 입구로 들어오는 것이다. 그러나 그렇게 할 수 없다. 왜냐하면, 목자가 바로 그곳에서 자기 때문이다. 목자가 문을 지키는 것이다. 목자가 문의 역할을 하는 것이다. 목자가 문이다. 그래서 예수님은 자신을 "나는 양의 문이다"라고 말씀하신 것이다(요 10:7).

예수님이 문으로 들어오지 않고 울타리로 넘어오는 자마다 절도요 강도라고 말씀하셨는데(요 10:10), 지금도 중동에서는 양 도둑이 많다. 전문 도둑들이 트럭을 대놓고 몇십 마리씩 훔쳐 간다. 목자들은 막대기 대신에 총으로 무장하고 개들을 키우고, 문을 겹겹으로 자물쇠를 채우지만 그래도 도둑을 막을 수 없다. 그래서 목자들은 문 옆에서 잔다. 그러면 세상없는 도둑도 양을 훔쳐가지 못한다.

존 데이비스(John J. Davis)라는 사람이 베두인과 함께 열흘 정도 같이 생활하면서 어떻게 광야에서 양을 치는지를 보고 *The Perfect Shepherd* 라는 책을 썼다. 하루는 야영을 하게 되었는데 베두인 목자가 임시 우리를 만들고 그곳으로 양들을 다 들여보냈다. 그리고 존에게 이렇게 말했다.

"나는 양의 문이라"(요 10:7)

"당신은 저쪽 구석에 가서 주무세요. 그러면 양들이 귀찮게 하지 않을 겁니다."

그러면서 이런 말을 했다.

"I will be the door."

"나는 문에서 자겠습니다"라는 말을 그 베두인은 "I will be the door"라고 표현한 것이다. 이천 년 전에 예수님이 하신 말씀과 똑같은 이야기를 그 베두인이 하는 것을 듣고 존은 놀라지 않을 수 없었다.

윌리엄 밀러(William Miller)도 이란에서 그와 비슷한 경험을 했다고 한다. 광야에서 양을 치는 베두인과 하룻밤을 지내게 되었는데, 양들을 다 임시 우리 안에 들어가게 했다. 우리 안에 들어가서 보니까 입구 쪽이 문도 없이 열려 있는 것이었다. 그래서 물었다.

"저쪽으로 늑대가 들어오면 어떻게 하려고 문도 없이 열려 있나요?"

그러자 목자가 이렇게 말했다.

"바로 거기에서 목자가 잡니다. 목자가 문입니다."

베두인들이 이천 년 전의 예수님처럼 자신들을 양의 문으로 여기고 있다는 사실이 놀랍기만 하다. 예수님이 자신을 가리켜 "나는 양의 문이다"라고 하신 말씀이 단순히 비유가 아니었음을 알 수 있다. 이렇게 목자는 양의 문이 되어서 양이 잠을 자는 동안에도 양을 지켜 준다.

베두인 장막을 방문했을 때 양 우리에 들어가 보고 싶었다. 그러나 여섯 살쯤 된 꼬마 아이가 문을 가로막고 들어가지 못하게 했다. 그러니 어쩌겠는가?

그 아이가 바로 양의 문인 것이다. 문지기가 지켜 서서 들어가지 못하게 하면 못 들어가는 것이다. 문지기가 문을 열어 주어야 들어갈 수 있다. 문을 열고 닫을 수 있는 권세가 문지기에게 주어져 있다.

목자는 자기 양이 아니면 문을 열어 주지 않는다. 다른 양은 절대로 양 우리로 들여보내지 않는다.

'양의 문' 되신 예수님이 누구에게 문을 열어 주실까? 자기 양에게다. 예수님에게 속한 양에게만 영원한 양 우리에 들어가게 하신다. 목자를 통하지 않고는 어떤 양도 양 우리에 들어갈 수 없듯이, 예수님을 통하지 않고는 누구도 천국 문에 들어갈 수 없다.

> 내가 문이니 누구든지 나로 말미암아 들어가면 구원을 받고 또는 들어가며 나오며 꼴을 얻으리라 (요 10:9).

예수님의 양이 아니면 아무리 문을 두드려도 소용이 없다. 문을 열어 주시지 않는다. 그들에게 이렇게 외치신다.

> 내가 너희를 도무지 알지 못하니 불법을 행하는 자들아 내게서 떠나가라 (마 7:23).

한 작은 도시의 음식점에 30년 동안 유창한 언변과 성우 같은 목소리로 손님들을 매료시킨 연극배우가 있었다. 하루는 이 사람이 시편 23편을 분위기를 살려가면서 아주 감동적으로 낭송했다. 낭송이 끝나자 사람들이 뜨거운 박수갈채를 보냈다.

그런데 한쪽 구석에서 백발이 성성한 한 노인이 일어났.

"나는 오늘로 100살이 되는 탐 롤린스 목사입니다. 저도 시편 23편을 좋아하는데, 한번 암송해 보겠습니다."

그는 지그시 눈을 감고 시편 23편을 천천히 크지 않은 목소리로 암송해 나가기 시작했다.

> 여호와는 나의 목자시니 내게 부족함이 없으리로다. 그가 나를 푸른 풀밭에 누이시며 쉴 만한 물가로 인도하시는도다 (시 23:1-2).

목자가 문에서 양들을 지키고 있다

시편 23편을 암송하는 백발이 성성한 목사님의 눈에서 눈물이 흘러 뺨을 적셨다. 좌중이 숙연해졌다. 깃털이 떨어지는 소리가 들릴 정도로 조용했다. 여기저기서 흐느끼는 소리도 들려왔다.

바로 5분 전에 이 목사님과 똑같은 시편을 낭송해서 손님들에게 우레와 같은 박수를 받은 배우는 당황했다. 자기는 30년 동안 그곳에서 사람들에게 박수갈채를 받아왔지만, 한번도 이 목사님에게 보내는 것과 같은 반응을 받아 본 적이 없었기 때문이다. 그래서 목사님 테이블에 가서 물었다.

"목사님, 오늘 저녁에 저도 목사님과 똑같이 시편 23편을 낭송했습니다. 그런데 사람들의 반응이 어떻게 그렇게 다를 수 있습니까?"

"아, 예. 당신은 오늘 시편 23편을 잘 낭송했습니다. 물론 시편 23편을 잘 알고 있으리라고 생각합니다. 그러나 나는 시편 23편에 나오는 그 목자를 잘 알고 있습니다. 그것이 당신과 내가 다른 점일 것입니다."

나는 선한 목자라 나는 내 양을 알고 양도 나를 아는 것이 아버지께서 나를 아시고 내가 아버지를 아는 것 같으니 나는 양을 위하여 목숨을 버리노라 (요 10:14-15).

57.
염소는 양우리에 들어갈 수 없을까?

뉴질랜드의 목장에서는 목자가 양들을 앞서서 인도하고, 그들을 푸른 풀밭으로 데려가고, 쉴 만한 물가에서 쉬게 하고, 그들을 의의 길로 인도하고, 사망의 골짜기를 그들과 함께 다니고, 맹수들에게서 양들을 지켜주는 모습을 볼 수가 없다. 수천 마리에 이르는 양들은 끝없이 펼쳐진 푸른 풀밭에서 마음껏 먹고 싶으면 먹고, 쉬고 싶으면 쉬고, 자고 싶으면 잔다. 목자의 모습은 어디에도 보이지 않는다. 사실 그들에게는 목자가 필요없다. 목자가 없어도 얼마든지 잘 살아갈 수 있기 때문이다.

그러다가 어느 날 주인이 나타난다. 그가 나타나서 하는 일은 양들을 분리시키는 일이다. 털을 깎거나 양들을 트럭에 실어서 시장에 내다 팔거나 도살장으로 보내기 위해서 큰 놈과 작은 놈, 좋은 놈과 약한 놈, 건강한 놈과 병든 놈, 털을 깎아야 할 놈과 그렇지 않은 놈, 팔아버릴 놈과 좀 더 키워야 할 놈을 분리시켜 각각 다른 우리에 집어 넣는다. 어디로 들어가느냐에 따라 양들의 운명이 결정된다.

KBS에서 방영한 〈모험의 땅 뉴질랜드 제3편: 양들의 천국〉에 이런 광경이 잘 담겨져 있다. 그 다큐멘터리를 보면서 예수님의 최후 심판의 비유(양과 염소의 비유)를 떠올렸다.

최후 심판의 비유에 보면 마지막 때에 양과 염소로 가르지 않는가? 이 비유에도 나오는 것처럼 유목민들은 양과 염소를 항상 같이 키워왔다. 양만 키우거나 염소만 키우는 경우는 매우 드물다. 흔히 양과 염소가 낮에는 같이 지내다가 밤이 되면 목자가 갈라놓는다고 설교하는 것을 볼 수 있는데, 그렇지 않다. 양은 염소보다 시원한 곳을 더 좋아한다. 그래서 염소는 안에서 자게 하고 양은 밖에서 자게 할 때도 있지만, 거의 같은 곳에서 잔다.

염소를 왜 양들 사이에 끼워놓는가? 양들은 모여 있기만 하고 잘 움직이려 하지 않기 때문이다. 그래서 염소를 몇 마리 끼워놓아서 양들을 뿔로 박아서 흩어지도록 한다.

이렇게 염소는 양들을 괴롭히기 때문에 양을 의인에 비유한 반면, 염소를 악인에 비유한 것이라고 설교하는 것을 종종 듣게 된다. 정말 그럴까?

그렇지 않다. 양과 염소는 사이가 아주 좋다. 아무런 문제 없이 잘 어울린다. 양을 애완동물로 키울 때 양과 가장 잘 어울리는 짐승이 바로 염소라고 한다. 이상하게도 양은 자기 동료 양보다 염소를 더 좋아하고, 염소도 동료 염소보다 양들을 더 좋아한다. 염소는 양을 괴롭히는 동물이라는 생각은 잘못된 선입견에 지나지 않는다.

양은 뿔이 없는 반면 염소는 뿔이 있어서 들이받는다고 하면서, 바로 그런 차이 때문에 양을 의인으로 염소를 악인으로 표현한 것이라는 설교를 가끔 듣는다.

정말 그럴까? 동물학자들은 양과 염소를 같은 종으로 분류한다. 한자에서는 양과 염소를 구분하지 않는다. 양과 염소는 생긴 모양으로 구분이 안 될 때가 많다. 양은 뿔이 달리지 않고 염소는 뿔이 달린 것으로 생각하는데 그렇지 않다. 양 가운데도 뿔 달린 것들이 있다.

우리는 염소를 말을 잘 안 듣고, 고집불통이고, 제멋대로 하는 골칫거리로 생각한다. 그래서 염소를 악인에 비유한 것이라고 생각한다. 정말 그럴까?

천둥 번개가 치거나 무서운 일이 생기면 양들은 염소에게로 몰려든다. 염소는 양보다 더 강하고 무서움을 덜 탄다. 그리고 양들보다 앞서간다. 그래서 목자들은 염소를 양들의 리더로 삼는다.

양 떼에 앞서가는 숫염소같이 하라(렘 50:8).

목자는 염소의 목에 종을 달아놓는다. 양들은 그 종소리를 듣고 염소를 따라다닌다.

내가 목자들에게 노를 발하며 내가 숫염소들을 벌하리라(슥 10:3).

왜 목자들과 숫염소들을 벌한다는 것일까? 둘 다 양 떼의 리더이기 때문이다. 그래서 숫염소를 리더(leader)로 번역한 영어 성경도 있다. 이와 같이 염소는 골칫거리가 아니라 양들의 '모범생'이다. 양들이 본을 받도록 하기 위하여 염소를 같이 키우는 것이다.

양과 염소의 비유에서 왜 지옥에 가는 사람들을 염소에 비유하셨을까?

많은 설교자가 염소는 불순종하기 때문에 지옥에 갈 사람들을 염소로 표현한 것이라고 설교한다. 정말 그럴까?

구약 시대에 사자나 사슴이나 곰 같은 야생동물은 하나님 앞에 제물로 드릴 수가 없었다. 제물로 바쳤던 것들은 소나 양, 염소, 비둘기 같은 짐승들인데, 이 짐승들은 주인에게 길들여진 것들로서 주인에게 순종을 한다. 주인을 알아본다. 주인을 따른다. 그리고 마침내 주인을 위해서 죽는다. 그러나 야생 동물들은 주인이 없다. 주인을 모른다. 순종이라는 것을 모른다. 자기들 멋대로 산다. 자기들이 주인이다. 그래서 이런 동물은 제물로 바칠 수가 없었던 것이다.

양은 제 주인을 알아본다. 주인에게 절대 순종한다. 주인을 따른다. 그리고 마지막에 주인을 위해 죽는다. 그렇기 때문에 하나님 앞에 제물로 바칠 수 있었던 것이다.

> 마치 도수장으로 끌려가는 어린 양과 털 깎는 자 앞에서 잠잠한 양 같이 그의 입을 열지 아니하였도다(사 53:71).

실제로 양은 털을 깎을 때도 조금도 저항하지 않고 가만히 있고, 도살장으로 끌려갈 때도 순순히 따라간다고 한다. 심지어는 칼을 목에 들이대도 가만히 있다고 한다. 죽기까지 순종하는 것이다.

염소는 어떨까? 어렸을 때 시골에서 염소의 목에 줄을 달아 놓은 것을 쉽게 볼 수 있었다. 그래서 염소는 억지로 잡아끌어야 따라오는 줄로만 알았다. 또 염소는 가까이 가기만 하면 들이받으려고 해서 사나운 줄로만 생각했다. 그러나 이스라엘과 요르단에 가서 보니 그렇지 않았다. 양과 마찬가지로 염소의 목에도 줄이 달려 있지 않았다. 목자가 염소를 잡고는 일이 없다. 양처럼 염소도 목자를 잘 따라간다. 목자에게 거역하거나 다른 양들을 들이받는 일도 없다. 양은 순종을 잘하고 염소는 순종을 하지 않는다는 생각은 잘못된 선입견이었던 것이다. 염소도 전혀 문제를 일으키지 않는다. 목자에게 온전히 순종한다.

그렇다면 왜 예수님은 양을 의인으로, 염소를 악인으로 표현하셨던 것일까?

염소는 양보다 훨씬 이기적이라서 다른 양이나 염소들에 대한 배려가 없다고 한다. 저녁이 되면 집에 돌아와 목자가 양과 염소에게 마지막 먹이를 준다. 그때 목자는 양과 염소에게 먹이를 따로따로 먹도록 한다. 같이 먹게 하면 염소가 다 독차지하기 때문이다. 양은 꼴을 먹거나 물을 마실 때 병이 들거나 어린 양들을 먼저 먹게 한다. 말하자면 약자들에 대한 배려다. 그러나 염소는 그렇지 않다고 한다. 다른 양이나 염소가 먹든, 먹지 못하든 상관하지 않고 자기 배만 열심히 채우는 것이다.

예수님이 양과 염소의 비유를 하시면서 어떤 사람들을 염소에 비유하셨는가? 작은 자들을 배려하지 않은 사람들이다.

> 내가 주릴 때에 너희가 먹을 것을 주지 아니하였고 목마를 때에 마시게 하지 아니하였고 나그네 되었을 때에 영접하지 아니하였고 헐벗었을 때에 옷 입히지 아니하였고 병들었을 때와 옥에 갇혔을 때에 돌보지 아니하였느니라 … 내가 진실로 너희에게 이르노니 이 지극 히 작은 자 하나에게 하지 아니한 것이 곧 내게 하지 아니한 것이니 라(마 25:42-43, 45).

어떤 사람들을 양에 비유하셨는가? 지극히 작은 자 하나에게 해 준 것이 예수님에게 해 드린 것이며, 지극히 작은 자 하나에게 해 주지 않은 것이 곧 예수님에게 해 드리지 않은 것이라고 하셨다. 헐벗은 자, 배고픈 자, 병든 자를 배려하고 그들에게 사랑을 베푼 사람은 양이고, 그렇지 않은 사람은 염소라고 하셨다. 예수님도 양과 염소의 차이를 잘 아시고 이런 가르침을 주셨던 것이다. 지극히 작은 자 하나에 대한 배려가 천국과 지옥을 결정한다는 이 충격적인 가르침을 우리는 귀담아들어야 할 것이다.

시편 23편을 이해하는 데 도움이 되는
다큐멘터리

- EBS 〈세계 테마 기행〉 "시리아 2부 - 광야의 자유인, 베두안"
- EBS 〈아시아 테마 기행〉 "신이 감춰버린 땅, 터키 아나톨리아"
- EBS 〈세계 테마 기행〉 "샬롬! 이스라엘 1부 - 역사가 흐르는 사막, 네게브"
- EBS 〈세계 테마 기행〉 "튜지니아, 사하라 사막의 오아시스"
- EBS 〈세계 견문록〉 "중동의 작은 보석, 요르단"
- KBS "모험의 땅 뉴질랜드 제3편 - 양들의 천국"
- KBS 〈영상 에세이〉 "하늘과 맞닿은 고개 너머 … 대관령"
- EBS 〈세계 테마 기행〉 "1만 년 역사의 땅, 터키 1부 - 터키 속의 이방인 쿠르드"
- KBS 〈와일드 차이나〉 "야생과 문명의 경계 만리장성"
- EBS 〈세계 테마 기행〉 "나일강의 선물, 4부 미지의 땅"
- EBS 〈세계 테마 기행〉 "중동의 붉은 꽃 요르단 1부 - 신의 사막, 와디 럼"
- EBS 〈세계 테마 기행〉 "중동의 붉은 꽃 요르단 2부 - 사막의 오아시스"